解读

庄子的大智慧

丁宥允◎ 编著

上

中国出版集团

现代出版社

图书在版编目（CIP）数据

解读庄子的大智慧（上）/ 丁宥允编著. —北京：现代出版社，2014.1

ISBN 978-7-5143-2147-0

Ⅰ．①解… Ⅱ．①丁… Ⅲ．①道家 ②《庄子》-青年读物 ③《庄子》-少年读物 Ⅳ．①B223.5-49

中国版本图书馆 CIP 数据核字（2014）第 008566 号

作　　者	丁宥允
责任编辑	王敬一
出版发行	现代出版社
通讯地址	北京市安定门外安华里 504 号
邮政编码	100011
电　　话	010 - 64267325 64245264（传真）
网　　址	www.1980xd.com
电子邮箱	xiandai@cnpitc.com.cn
印　　刷	唐山富达印务有限公司
开　　本	710mm×1000mm 1/16
印　　张	16
版　　次	2014 年 1 月第 1 版 2023 年 5 月第 3 次印刷
书　　号	ISBN 978-7-5143-2147-0
定　　价	76.00 元（上下册）

目 录

上 篇(上)

1. 学会放下 ………………………………………………… 1

2. 走自己的路,让别人去说 ……………………………… 5

3. 把眼光放远一点 ………………………………………… 8

4. 小聪明不如大智慧 ……………………………………… 11

5. 不要被虚名所累 ………………………………………… 14

6. 踏实做事,名声自来 …………………………………… 19

7. 管住自己的嘴巴 ………………………………………… 24

8. 知足常乐 ………………………………………………… 27

9. "无我"是人生的最高境界 …………………………… 30

10. 拥有自信,快乐生活 …………………………………… 35

11. 拥有时要加倍地珍惜 …………………………………… 39

12. 只有行动才算数 ………………………………………… 42

13. 知人者智,自知者明 …………………………………… 48

14. 做好自己 ………………………………………………… 51

15. 简单,是最大的幸福 …………………………………… 59

16. 直言直语是把双刃剑 …………………………………… 62

17. 开动你的智慧发动机 …………………………………… 66

18. 不要庸人自扰 …………………………………………… 72

19. 做人不可过于贪婪 ……………………………………… 76

20. 自然而然是长生之本 …………………………………… 79

21. 不以物喜, 不以己悲 …………………………………… 84

22. 拥有乐观心态 …………………………………………… 87

23. 多一点"难得糊涂"精神 ……………………………… 94

24. 嘴上留情, 脚下才会有路 ……………………………… 97

25. 做人要留有余地 ……………………………………… 101

26. 保持最佳距离 ………………………………………… 103

27. 枪打出头鸟 …………………………………………… 108

28. 心静则清, 心清则静 ………………………………… 113

29. 错过花, 你将收获雨 ………………………………… 116

30. 道与之貌, 天与之形 ………………………………… 119

上 篇（上）

1. 学会放下

【原文】

故九万里，则风斯在下矣，而后乃今培风；背负青天而莫之夭阏者，而后乃今将图南。

——《庄子·逍遥游》

【译文】

所以，鹏高飞九万里，那风就在它的下面，然后才乘着风力，背负青天而无阻碍地飞往南海。

【处世哲学】

庄子在他的《逍遥游》中提到的大鹏有高飞九万里的能力，它在开始飞的时候凭借的是风力，而后凭着自己的胆识独立翱翔飞往南海，找到了属于自己的全新世界。

在现实生活中，面对生活的超重，我们应该学会重新面对自己，在以往成功的经验上得到升华，使自己面对强大的生活压力游刃有余。

"太多了，"小林伦如此形容，"实在是太多了，我根本没办法同时兼顾所有的事情。"泪水不听使唤地从她脸颊上滑落。小林今年三十九岁，是一位聪明杰出的女性，拥有成功的事业和幸福的家庭，但现在的她就像被悬在空中走钢索，即将走到钢索的尽头却无计可施。

在咨询室里的小林看上去焦躁不安，仿佛承受着极大的精神压力。她常常失眠，而且精神涣散、脾气暴躁。她对自己的技穷感到生气，在他人面前承认自己的失败更使她感到愤怒，其实她不是不知道自己的问题所在，只是一时脑筋转不过来罢了。从她进门的第一句话"太多了"，就已经说明了一切。在接下来进行的诊查过程里，医生确定她并没有潜在性的精神异常现象，也没有失去平衡能力的精神衰弱症状以及到了中年时期突发的遗传性功能障碍，更没有无可挽救的婚姻危机。超重的生活是她惟一的问题。超重的生活，当然这是最简略的说法。

虽然这种问题大家或许早已耳熟能详，但对其所能造成的广泛、深刻及长期的纠缠和伤害，却仍然没有清晰的认识。现代社会里超重造成的压力，如同其他潜伏在今日生活中的危机一样，正逐步地吞噬着我们。它不仅具有极大的破坏力，重者甚至威胁我们的生命。

面对如此多的超重问题，我们应该学会放松自己的心态，在今天这个事事瞬息万变，即时传递的电子邮件漫天飞舞的世界里，大部分人和小林一样，面对生活里超重的压力不胜负荷。的确，在后现代社会生存，超重的生活正是事业成功者最大的挑战。这些人的生活里充满太多急待解决的问题，太多需要分心的事物，太多的噪声，太多的邀约，以及太多的机会和选择。可用的时间和精力没有变，需要他们件件照顾周到的事情却很多。至少在潜意识里，我们都有过相同的感觉：生活里的选择、需求和各式各样复杂的事物，随着时间在年年不停地增加。新的一年里，总是会有更多将要扮演的角色，更多必须做的事，更多需要去的地方和更多想要或必须达到的目标。但一天却只有二十四个小时，一年依旧遵行着十二个月的周期。迎面而来的事物越来越多，但完成这些事物所需的时间和精力，即使在最完美的情况下，也只能维持与过去相同的数量和状态。

我们还可以看出小林问题所在——"生活里要应付的实在太多，我根本无能为力。"

她还是犯了两项大错：第一，她认为情况并非十分严重；第二，她感觉不到摆在眼前的是项全新的挑战。反之，她觉得这只不过是一种厌倦压力的反弹情绪，相信自己有绝对的能力可以应付。这种态度正是有超重问题的病人的关键特征—认为问题会自然消失，仿佛它们从未存在过。如果问题会说话，那应该是种友善的问候："我只是你们在生活中习以为常的小麻烦，你们绝对有能力制服我的。"事实上我们根本无能为力，而相信自己有能力正是促使问题恶化的原因之一。若问人们为什么不能及早发现自己生活超重的问题，答案是显而易见的。

你把问题的本质遮掩起来，就会因看不清楚而错认它是不重要的小事。我们都和小林一样的心态，告诉自己"问题并不严重"，因为它看起来就像是由于忙碌而复发的老问题，过去我们总是可以找到自己适用的解决办法，因此我们便忽略了它的严重性和破坏力。

超重问题由来已久。我们在孩童及青少年时代所学到的应对生活负担的方法，早已无法应付现代社会的挑战。超重问题到今天已经改头换面，成为一种全新的挑战。就似由大量性质相同的小麻烦堆积成的问趣，早已不再只是很多的小麻烦，而是变质成为截然不同的新问题。这就像是石头堆积而成山岭的演化过程。一堆岩石随时间推移逐渐形成一座山岭，从此便不再只是岩石。石头是在什么时候变成山岭的呢？很难回答最高处的那块石头，是否正是构成山岭的最后一块，或者还得再加上几块才算最后成功这样的问趣，我们很难察觉得到其中由量变到质变的关键时刻。生活的超重也是如此，它必须经过一段漫长的时间，逐步累积才能形成。对绝大部分的人来说，超重的生活压力累积成山的关键时间，早已是过去的历史，无可考究。那些原本如小石头般简单的问题，现在已经高堆成难以跨越的山峰。你必须承认竖立在眼前的是一座前所未见的山岭，你若想征服它，就必须有一套与过去截然不同的策略。原本跨越一堆岩石的方法，和现在征服一座山岭的策略就不能相提并论。我们面对超重生活也应该如此。就好比你有一双坚固的鞋子就能让你轻易地跨过石堆，但你要征服壮丽的山峰，就必须有骁勇的斗志、完备的绳索工具和特殊的技巧训练。就如同展翅高飞的大鹏，只有具备很强的能力，才能顺利飞往南海。

对于聪明、能干、风趣的小林来说，她看不出摆在眼前的不再只是一堆纠结不清的麻烦事，已变成前所未见的新问题。事实上，她面临的是一座极具挑战性的陌生山岭，而不再是昔日她多次轻易跨越的小石堆。这便是现在的小林必须正视的问题。人们一直用清理石堆的老方法来解决生活超重的新问题，因此，玛丽·海伦的困窘同样也会发生在其他人的身上。因为我们不断地加快生活的步伐，让自己处于超负荷的压力之下，过度的疲劳终于使我们再也无力去解决眼前更严酷的问题及挑战。

我们必须重新出发，试着放弃生活所带来的种种压力，轻松上阵，开始新的生活。

2. 走自己的路，让别人去说

【原文】

举世而誉之而不加劝，举世而非之而不加沮。

——《庄子·逍遥游》

【译文】

全世界的人都赞扬你，也不因此而积极；全世界的人都反对你，也不因此而消极。

【处世哲学】

这里说的是人要有独立的主张，不要以他人的赞成或反对作为自己行动的根据和判断的标准，即使全世界的人都赞扬，也不因此就变得更积极；全世界的人都反对，也不因此就沮丧或消极。这句话所表达的道理与西方的诗人但丁的名言"走自己的路，让人们去说"，实有异曲同工之妙。

那么，为什么要这样特立独行呢？原因在于，如果一个人过度地重视他人的议论、他人对自己的看法，那么这个人就将无所适从。别人的看法是不可能一致的，无论你做什么事情，总会有人支持，有人反对，他们的意见各有各的道理，那么你听从谁的意见好呢？你会在两种意见中犹豫不决。退一步讲，即使听从了其中的一种意见，也不见得就是正确的，因为毕竟是别人的判断，是从别人角度出发的。因此，一个事事按照别人的看法办事的人一定要失败的。

明白了这个道理，我们在与他人交往的时候除了要保持自己的独立性以外，还要注意不要去干预别人的事情，每个人做事都有他的道理，只要他没有妨碍别人，别人就没有权力去干涉他。这对于我们中国人来说可能是很难的，我们总是惯于管他人的闲事，对别人的事情这也看不惯，那也不顺眼，尤其是那些有了点权力的人就更是如此，以自己的嗜好去规范他人。正如俗语所说的："哪个人前不说人，谁人背后无人说。"我们对别人的事不是管少了，而是管得太多了。少管别人的闲事，我们的社会就会少一些冲突，少一些扼杀人们个性的事情。

再上升一步，庄子的这句话隐含着一个道理，这就是：真理常常在少数人的手里。其中的道理在于，多数人的看法总是普通的看法，大多是常识，而常识往往是错误的。这样的事例在科学史上比比皆是，最典型的便是地心说与日心说。在那时，地心说由于符合人们的常识而成为人们心中的真理，而日心说则由于违背常识而为大多数人所不理解。这就是为什么哥白尼提出日心说时遭到强烈反对的心理原因。只有少数的天才人物能够超越普通人的看法，看得更远、更深刻。

按照我们人类不成文的约定，少数服从多数是合理的，而不是相反。但这条约定只承认每个人自主判断的权利，承认每个人是自己的主人，他不肯接受的东西不能强加于他。可是，这就忽视了真理性，当一种超前的学说不能被大多数人理解的时候，真理性就只能让位给主体性了，因为当人们还无法理解一种真理的时候，真理就不能为人们接受。真理性的实现，只能等待着人们的理解力的提高。

当然，这里也存在着一些困难：我们怎样来判定那些还没有被人理解的东西就是真理呢？我们不能说凡是多数人反对的就一定是真理，也不能说凡是多数人赞成的就一定是错误。其次，当我们坚持着自己个性的时候，如何知道这不是固执呢？当局者迷，旁观者清，也许别人的看法非常正确呢，这在理论上很难有一个解决办法的，也不可能有一个普遍适用的方法。只能靠我们自己去细心体会了。

少数服从多数，意味着以多数人的意见作为判断的标准，前面已经说过，这样的判断只能是一般的见识，不一定具有真理性；同样地，多数服从少数或者服从一个人，意味着以少数人或一个人的意见为判断的标准，即使这少数人是英雄，也同样会带有偏见。所以，理想的状态是，在这两者之间保持一种相互制约，以多数约束少数，以少数制约多数。

3. 把眼光放远一点

【原文】

天之苍苍，其正色邪？其远面无所至极邪？其视下也，亦若是则已矣。

——《庄子·逍遥游》

【译文】

天空中那种青苍苍的样子，难道是它的真正的颜色吗？还是因为我们距离它太远而不能穷究它的本来面目呢？大鹏飞到九万里的高空再看下面，也会和我们从下往上看一样失去了事物的本原。

【处世哲学】

在庄子的言论和思想中，其实有很多是带有浓厚的辩证色彩的。看天，人的定点在地上；看地，鹏的定点在天上。互为定点的两个观察者，所观察到的结果是一样的，那就是都无法看透对方所在的背景。庄子是一个谦卑的不可知论者。他的结论是：天地很大，我们根本就不可能知其所以然；当我们自以为明白一点道理就以为很了不起时，还有一个相对于我们的观察者在另外一个方向上，在更高的位置，看到了更广阔的世界。当然，他的视野与真理还是相距甚远。所以，永远不要以为自己什么都知道了。

这就正如我们平时所说的：山外有山，人外有人。听起来是再简单不过的道理，但总有一些人把自己圈定在有限的范围内，坐井观天。比如，一个一辈子研究蒲松龄的人，认为《聊斋志异》是天下最伟大的一部著作，可惜还不被人所了解；一个老中医，在他看来，中医都是"治根"的，是"釜底抽薪"，而西医都是"治表"的，是"扬汤止沸"；任课老师在"绪论"中，该任课老师大都要把自己开的课程说成是"最重要的"。

这种现象，用禅理解释最为妥切。古时禅师说禅："一个人觉得'山即山，水即水'，但等他有所醒悟，他就会觉得'山非山，水非水'，待他终于彻底大悟，他又会觉得'山即山，水即水'。"但这时，他的境界已经不同以往。这时的山依旧是山，但已不复为以往之山；这时的水依然是水，但已不复为以往之水。如果一个人总是停留在第一个境界，那就是短视，也就是庄子所说的"天之苍苍"；如果进入第二层境界，那离真理的距离又近了一步，也就让庄子产生"其远而无所至极邪"的怀疑。如果达到第三层境界，就接近真理了。

生活中也是这样，很多时候我们只是达到了第一层境界，却以为自己什么都知道了。这就是短视。比如一些国家的选举，实际上有时民众对参选者了解得并不是很多，但是却把票投给了媒体肯定和大多数人呼声最高的候选人。

　　而"短视"与"自大"往往是一对兄弟。自大是什么？就是以为自己很了不起，总是带着有色眼镜，以偏概全，固执己见，以绝对的、片面的眼光看问题。为什么这样呢？因为他视野狭隘，看不到别人的长处，看不到还有更多更有本事的人在其左右。而真正有本事的人往往潜伏在暗处，静观其变，总是从长远的角度思考问题，而不计较一时的得失。

　　所以有人说："世界上最贫穷的人并非是身无分文的人，而是没有远见的人。"只有看到别人看不见的事物，才能做到别人做不到的事情。

　　有一位哲学家到一个建筑工地分别问三个正在砌墙的工人："你在干什么？"第一个工人头也不抬地说："我在砌砖。"第二个工人抬了抬头说："我在砌一堵墙。"第三个工人热情洋溢、满怀憧憬地说："我在建一座教堂！"

　　听完回答，哲学家马上就判断了这三个人的未来：第一个心中眼中有砖，可以肯定，他一辈子能把砖砌好，就很不错了；第二个眼中有墙，心中有墙，好好干或许当一位工长、技术员；惟有第三位，必有大出息，因为他有"远见"，他心中有一座殿堂。

　　有远见的人心中装着整个世界；相反，没有远见的人只看到眼前的、摸得着的手边的东西，他们急功近利，只看到眼前的一点小小的好处，杀鸡取卵，结果不仅将原先得到的一点好处丧失掉，就是老本也未必能捞回来。

　　再比如，在商业活动中，有这样一句话，叫做"庸者赚今天，智者赚明天"。也就是说如果希望有大的发展，一定要有高瞻远瞩的眼光，不能只盯着眼前的蝇头小利。清朝商人胡雪岩有这样一个信条："如果你拥有一县的眼光，那么你可以做一县的生意；如果你拥有一省的眼光，那么你可以做一省的生意；如果你拥有天下的眼光，那么你可以做天下的生意。"眼界准，就能把握机遇，在经营中不走或少走弯路；眼界宽，就能在纷繁复杂的市场经济大潮中以小见大，看得全面透彻；眼界高，就会追求无止境，事业更辉煌。

人生如同下棋一样，平庸之辈往往只能看到眼前一两步，而高明的棋手则能看出后五六步甚至更多。能遇事处处留心，比别人看得更远、更准，这样的人才能战无不胜，决胜千里。

4. 小聪明不如大智慧

【原文】

小知不及大知，小年不及大年。

——《庄子·逍遥游》

【译文】

小聪明赶不上大智慧，寿命短比不上寿命长。

【处世哲学】

庄周也以"道"为宇宙的根本，认为道存在于一切事物之中，是万物存在、变化的根本和依据。他提出万物一体的思想，认为宇宙万物都是一气之化，虽千姿百态各不相同，却又同是气聚所成，同为一体。从此出发，他认为大小、寿夭、生死、是非等等的差别都是相对的。

正如大智慧和小聪明，没有小聪明，无法显示出大智慧；同样的，没有大智慧，也就没有小聪明。从这个意义上说，大智慧和小聪明是统一的，都归于人的智力表现。但是，人们在生活中利用自己的智力的时候，是选择大智慧还是选择小聪明呢？庄子说："小聪明赶不上大智慧"。从这个意义上说，大智慧和小聪明又是对立的。

聪明人不一定有大智慧，而大智慧的人不一定有小聪明，所谓大智若愚。小聪明是表现欲，大智慧是生命的本态，是根本智、自然智、无师智，是永恒的真正自我。小聪明只顾到私利，大智慧就是把全生命、全心力投入。

在人性的丛林里走动，大智慧总比小聪明好。谁是我们的朋友？谁是我们的对手？可以依靠谁，不可以依靠谁？应该怎么去战胜对方？应该怎么去上台阶？对于这些问题，我们必须清醒，不能耍小聪明。自以为聪明的人往往不得善终，而真正大智大慧的人，表面上都似乎有点"愚"，但他们却笑傲人生，"才"不外露。

在这个世界上，成就事业的是聪明人，在事业中起破坏作用的也是聪明人。比如，在处理与上司的关系时，我们时常在无意中因抓住对方的缺点或错误而没加遮拦地加以指出，而这样做，往往极大地伤害了对方精心为自己构造的优越感。又或者，我们时常在无意中抓住一个显示自己聪明的地方，便迫不及待地希望对方能注意到自己的智慧，而这无疑使他的优越感受到极大的损伤。而事实上，我们的"无意"也并非真正的无意，而是我们习惯了"有意"之后从而对"有意"产生的一种淡漠的感觉。这种"无意"往往就是最为深刻的"有意"。

同为聪明人，为何结局不同呢？盖因聪明有大小之分，有小聪明和大智慧之分。何为小聪明？小聪明者是以自我为中心看问题，他们表现得聪明伶俐，会说话会办事，伶牙俐齿，机灵敏捷，善于伪装，有种随风而动的轻巧，有种趋炎附势的灵动，有种你能千变万化、我能随机应变的聪慧。小聪明是近观，小聪明是装饰，这种聪明是表面上的，是很容易被别人觉察到的。

何为大智慧？大智慧者以环境为中心看问题，他们表现得山水不露，稳重大方，拙中藏巧，大智若愚，运筹帷幄，高屋建瓴，有种水滴石穿的坚韧，有种任你有千变万化，我早已将你看穿的沉稳。大智慧就像一部哲学著作，初读时不一定得到人们的喜欢，可是你要是能读下去的话，你会变得深厚，也会终生受益。

小聪明是世俗哲学中的随波逐流，容易被小聪明所误，容易把春光看作秋风，会用自造的凄凉来折磨自己，大智慧是老子哲学中的以柔克刚，仰观满天星斗，俯瞰人间烟火，淡泊明志，宁静致远，高山挺拔，草木景仰，大海辽阔，江河来归。

人生需要的是大智慧，而最忌讳的则是小聪明。小聪明本身就具有一种涂抹不掉的悲剧色彩，小聪明总有个性的弱点，个性的弱点总会造就人生的局限，所以大智者的人生常常很成功，小聪明的人可能造就支离破碎的人生。

小聪明一旦与功名利禄粘贴，人生的悲剧就上演了。清朝的和珅是个绝顶聪明的人物，但他的一生都是在耍小聪明中度过的，他的整个一生都在贪婪敛财，从而成为超级贪官，害国害民，不得善终，令人扼腕！小人物被小聪明所误，容易变得张狂，自己不认识自己，走路辨不出南北西东，做事不知道天高地厚，他会变成民间约定俗成意义上的那种小人，小人的一生是可怜的。

其实，聪明是一笔财富，关键在于怎么使用：财富可以使人过得很好，也可能使人毁掉。真正聪明的人会使用自己的聪明，那主要是深藏不露，或者不到刀刃上、不到火候时不会轻易使用。耍小聪明往往是招灾引祸的根源。无论做什么事，都不能耍小聪明。而且再秘密的事，也还有不透风的墙，人家一旦知道了，也就"夫人"陪了"兵"也折了。一个时时处处事事显露精明的人，不会取得别人的信任、同情、爱护和栽培，因此不会取得真正的、伟大的成功。若是运用大智慧，便能造福苍生，泽被后世。大人物运用大智慧就能眼明耳聪：笑看云翻雨覆，谛听旷野喧嚣。真个是"不畏浮云遮望眼，只缘身在最高层。"小人物运用大智慧，一生受益无穷。世界上有大人物也有小人物，大人物有大人物的活法，小人物有小人物的活法，谁也勉强不了谁，但谁都得遭遇小聪明与大智慧。惟有大智慧才有有大美丽，才有大成就。

5. 不要被虚名所累

【原文】

至人无己，神人无功，圣人无名。

——《庄子·逍遥游》

【译文】

道德修养高尚的"至人"能够达到忘我的境界，精神世界完全超脱物外的"神人"心目中没有功名和事业，思想修养臻于完美的"圣人"从不去追求名誉和地位。

【处世哲学】

"逍遥"也写作"消摇"，意思是优游自得的样子；"逍遥游"就是没有任何束缚地、自由自在地活动。庄子从对比许多不能"逍遥"的例子说明，要真正达到自由自在的境界，必须"无己"、"无功"、"无名"。

无己，无我，也就是忘掉一切外物，连自己的形骸也忘掉。庄子认为能达到这样的境界，才算逍遥游。无功，不追求功。无名，不追求名。"无己"是摆脱各种束缚和依凭的惟一途径，只要真正做到忘掉自己、忘掉一切，就能达到逍遥的境界，也只有"无己"的人才是精神境界最高的人。

一个人一旦达到"无己"的境界，实际上是把自己作为自然界的一个分子了。与整个宇宙比较起来，人是那样的渺小，那样的微不足道。认识到这一点，人世间的纷争、贪欲、利欲、色欲，人们也就不会去斤斤计较了。

这个尘世上，不知有多少人在追求名利和金钱，以至于忘记了内心的快乐。其实，人是没必要活得这么累的。人生难得是舒心啊！名和利，什么都想要，最后可能什么也得不到，反而一辈子将自身置于忙忙碌碌、勾心斗角中。这样活着，未免太累！《论语·雍也》里说颜回"一箪食，一瓢饮，在陋巷，人不堪其忧，回也不改其乐。"如果少一些欲望，是不是也会少一些痛苦呢？

庄子的哲学实际上是一种逍遥哲学。庄子认为，人应该是自由的，有些人之所以感觉不自由，一方面是由于受到外界物质条件的束缚，另一方面是由于受到自身形骸与观念的束缚，也就是由"有待"和"有己"造成的。"有待"就是有依赖和依靠，要凭借外力；"有己"就是有私心和看重自己。所谓"至人无己，神人无功，圣人无名"就是要让真正的自我从功名利禄、是非善恶乃至从自己的形骸和观念的限制中解脱出来，达到与天地精神独往来的境界，以获得精神上的绝对自由。

庄子哲学生在中国，却在西方社会表现得最明显。有的人生活上很一般，但内心很快乐。在美国的贫民窟，到处可以看到热情洋溢地跳街舞的男孩；在巴西，尽管很多地方经济条件很落后，但男女老少都在跳桑巴舞。从某种意义上说，他们对名利看得更开一些，所以，也更快乐一些。

看了下面的这个故事，你对于这个问题一定会有更深切的感受。

有一个美国商人坐在墨西哥海边一个小渔村的码头上，看着一个墨西哥渔夫划着一艘小船靠岸。小船上有好几尾大黄鳍鲔鱼，这个美国商人对墨西哥渔夫能捕到这么高档的鱼恭维了一番，还问需要用多少时间才能收获这么多？

墨西哥渔夫说，才一会儿功夫就捕到了。美国人再问，你为什么不待久一点，好多捕一些鱼？

墨西哥渔夫觉得不以为然："这些鱼已经足够我一家人生活所

需啦!"

美国人又问:"那么你一天剩下那么多时间都在干什么?"

墨西哥渔夫解释:"我呀?我每天睡到自然醒,出海捕几条鱼,回来后跟孩子们玩一玩,再跟老婆睡个午觉,黄昏时晃到村子里喝点小酒,跟哥儿们玩玩吉他,我的日子可过得充实而又忙碌呢!"

美国人不以为然,帮他出主意,他说:"我是美国哈佛大学的企业管理学硕士,我倒是可以帮你忙!你应该每天多花一些时间去捕鱼,到时候你就有钱去买条大一点的船。自然你就可以捕更多鱼,再买更多渔船,然后拥有一个渔船队。到时候你就不必把鱼卖给鱼贩子,而是直接卖给加工厂,然后自己开一家罐头工厂。这样你就可以控制整个生产、加工处理和行销。你就可以离开这个小渔村,搬到墨西哥城,再搬到洛杉矶,最后到纽约。在那里经营你不断扩充的企业。"

墨西哥渔夫问:"这要花多少时间呢?"

美国人回答:"十五到二十年。"

"然后呢?"

美国人大笑着说:"然后你就可以在家当皇帝啦!时机一到,你就可以宣布股票上市,把你的公司股份卖给投资大众。到时候你就发啦!你可以几亿几亿地赚!"

"再然后呢?"

美国人说:"到那个时候你就可以退休啦!你可以搬到海边的小渔村去住。每天睡到自然醒,出海随便捕几条鱼,跟孩子们玩一玩,再跟老婆睡个午觉,黄昏时,晃到村子里喝点小酒,跟哥儿们玩玩吉他!"

墨西哥渔夫疑惑地说:"我现在不就是这样了吗?"

听了渔夫的回答，也许我们会吃惊，也许我们会一时无语。但是我们不得不重新思考这样一个很难回答的问题我们到底在追寻什么？金钱？是幸福？

其实生活是一种态度，一种心情，一种选择，一种状态，一种活着的方式。

从生活的价值来说，能够体味人生的酸甜苦辣，做过了自己所喜欢的事，没有虐待这百岁年华的生命，心灵从容富足，则在富在贫，皆足安心。即所谓"不戚戚于贫贱，不汲汲于富贵"（《五柳先生传》）。

要做到不戚戚于贫贱，不汲汲于富贵，就要具不贫之心。要懂得播种一分、收获一分的道理，不要强求，不要希图意外的惊喜。《一千零一夜》中阿里巴巴的哥哥高西木进了四十大盗的藏宝洞，欣喜若狂，攫宝不已，忘了回家，致使强盗回来，把他砍死。其实，在古人的眼里，"富贵"两字，是人人都可以做到的。"不取于人谓之富，不屈于人谓之贵"（《孔丛子》），白衣草鞋，自有一股飘逸清雅的仙气，粗茶淡饭，自有一份闲适自在的意趣。

如果我们为名利所左右，为名利的不能满足而受煎熬，那么人生还有什么滋味？

人如果能看开一切，不计名利，就会生活得开心很多，得之我幸，失之我命，就能达到庄子心目中的"逍遥"境界：内心没有贵贱尊卑的隔阂，没有仁义礼乐的束缚，没有功名利禄的争逐，过上无忧无虑、安闲自在的生活，身心获得完全的自由。

6. 踏实做事，名声自来

【原文】

名者，实之宾也。

——《庄子·逍遥游》

【译文】

"名"是"实"所派生出来的次要的东西。

【处世哲学】

名声是别人加给的。一般说来，名与实是相符的一个人的名声和他实际所作出的贡献是相等的。

做事情不能图虚名，不能摆花架子，而要以追求实效为第一，这样才是真正的做事精神。

名声不是虚荣，虚荣是一种内心的虚幻荣耀感，会使人脱离现实看世界；而名声是别人加给他的一种名誉，一般来说，名与实是相符的，一个人的名声和他实际所作出的贡献是相等的。

但是，有些人获得了名誉之后，就不再发展自己的才能，也不再作出自己的贡献，这种名誉就和实际渐渐地不相符合了，也就成了虚名。

虚名会使人放弃努力，沉睡在他已经取得的名誉上，不思进取，最后将一事无成。

中国古代有一个伤仲永的故事，说的就是被虚名所误的人生教训。仲永小时候是个神童，过目不忘，能吟诗作赋，被人称颂，成为一时的名人，可是仲永成名之后，沉醉在虚名之下，不再刻苦努力地学习，渐渐地长大成人之后，就和一般人一样了，他的那些天赋、才能也都离他而去了，一生无所作为。这就是虚名可以毁掉人生的例子。

还有一些人取得名誉之后，就不顾自己的实际，拼死拼活地要维护自己的名誉，结果，早早地就被名誉累死了，这实际上是得不偿失的。

一位明星朋友，极看重自己在公众心目中的形象，得了肝病，不愿告人，也不去诊治，将病情当秘密一样守护，惟恐自己给人留下一个弱者的印象，结果到了挺不住的那一天已经晚了，被人送进医院不到两个月便与世长辞，年龄不过35岁。可以说，他是被自己的名气累死的。

图虚名者是不能获得大胜的人生的，因为虚名误事，不少有权有势之人就是因为好大喜功而落到身败名裂的境地。敢于直言的魏征不图虚名，追求为百姓办实事，出实效，切实为大家的利益考虑，因而办起事来就能得到大家的支持和理解。

唐初安定社会秩序的重要政策，经济上推行"均田制"和"租庸调法"，军事上实行"府兵制"。为了尽快恢复生产，太宗多次下令免除百姓的赋税劳役。他还特别注意减轻刑罚，让老百姓在比较缓和的社会气氛中生活。这在古代被称为"慎刑"。

隋朝立国之初，文帝制定的法律是比较宽平的。到炀帝时则使用严刑峻法强化统治，结果弄得"民不堪命"，四处起来造反。唐高祖在位时制定的法律，基本恢复了隋初的宽平。唐太宗特别注意吸取隋亡的教训，下令对法律再加修订，有些条文进一步改重为轻，原来规定判处绞刑的某些罪，改为流放服劳役；判处斩首的罪人，要由宰相和六部尚书讨论决定，须经过5次复奏才可执行，以免出现错杀冤狱。"死者不可再生，用法务在宽简。"这是太宗规定的立法和执法原则。

但是，李唐皇族本乃世代武臣，太宗本人年少时长于骑射而不精学业，带兵打仗恃勇斗狠，英武过人，称帝后也还是容易激动使气，常因一时喜怒而滥行赏罚。他也自知这样做的后果，因而多次要求大臣注意向他提醒。

贞观初年，濮州（今山东鄄城北）刺史庞相寿因为贪污被人告发，受到追赃和解职处分。他因自己是秦王府旧人，就向太宗求情，希望能得到宽大处理。太宗派人传话说："你是联的旧部下，贪污大概是因为穷迫，联送你100匹绢，你继续当刺史，今后自己可要检点才好。"这显然是越法而徇私情。魏征知道此事后，立即进谏批评道："庞相寿贪污违法，不加追究，还要加以厚赏，留任原职，就因为他是陛下的旧人。而他也并不以自己贪污为罪过。陛下为秦王时旧人众多，如果他们都学这个样子贪赃枉法，就会使廉洁的官员感到害怕，影响吏治的清明。"太宗看过奏章，不得不改正对庞相寿的宽纵处理。

贞观六年（632年）三月，太宗行幸九成宫。返回时，随从的官女先行，住在围川县（今陕西扶风）的官舍中。仆射李靖和侍中王硅随后到达，地方官员让宫女移住别处，腾出官舍让李靖等人住宿。太宗知道后生了气："难道让这些人作威作福，为何轻视朕的宫人！"下令要查办地方官员。魏征劝阻道："李靖和王硅都是陛下的亲信大臣，官人不过是皇家的奴仆。大臣到地方府县，官员要向他们请教朝廷的法度；大臣回到京城，要向陛下奏告百姓疾苦。官舍本来就是大臣会见地方官员的处所，地方官员也不能不去拜见大臣。至于宫人，她们除了供役之外，并不接待来访者。如果因此而查办县中官吏，就会使天下人感到惊讶。"太宗一听，立即省悟，就按下这件事不再过问。

不久，长乐公主要成婚，太宗因她是长孙皇后所生，准备办一份丰厚的嫁妆，比当年他的妹妹永嘉长公主（李渊之女）增加一倍。魏征知道后又进谏道："这不可以。当年汉明帝封皇子时说，我的儿子怎能跟先帝的儿子比。封的县数比光武帝的儿子、明帝自己的弟弟少一半。史书上将这事当作美谈。当今皇上的女儿称公主，姐妹称长公主，既然加了一个'长'字，就是表示尊崇的意思。感情尽可以有深有浅，但礼法却不能超越。陛下现在这样的做法，与汉明帝比起来，恐怕是大大的不如吧！"太宗接受了魏征的意见，长孙皇后也表示同意，并派人送钱 40 万、绢 400 匹，作为对魏征的赏赐。

曾在隋朝任官的郑仁基有个女儿，容貌美丽又富有才学，长孙皇后奏请把她聘为充华（后妃名号之一），太宗同意后，下了册封的诏书。魏征知道郑家小姐已经许配了夫家，就进谏劝阻道："陛下身居楼阁之中，就应希望天下百姓有安身之屋；陛下吃着精美食物，就应希望百姓也饱食不饥；陛下看看左右妃嫔，就应希望天下男女及时婚配。现在，郑家女儿已经和人订婚，陛下却要将她纳入官中，就难道合乎为人父母的心意吗？"太宗一听，立即表示自责，决定停止册封。但有人提出，郑家小姐并未出嫁，而且诏书已下，不宜中止。和郑家姑娘订婚的陆爽本人也上表说：他和郑家并无婚约，是别人不清楚在乱讲。太宗再次征求魏征的意见。魏征如实指出："这是陆爽心里害怕陛下以后会找他的麻烦，才违心上表的。"于是，太宗重又下了一道敕令："今闻郑家之女，先已受礼聘，前出文书之日，未详审事实。此乃朕的不是。"果断地收回册封诏命。

瀛州刺史卢祖尚被改任交州（今越南北部）都督，受命后又反悔，以身体有病不愿前往。太宗派人去劝说，又亲自面谈动员，卢祖尚仍不肯赴任。太宗一怒之下，将其处死。事后太宗感到后悔，觉得没有依法处置，太过分了。后来，他与大臣议论北齐皇帝高洋，魏征借此话题批评太宗说："高洋嗜酒昏狂，残暴淫乱，这是人所共知的。但他也有一点长处，在和大臣讨论政事时，如果自觉理亏，也还能接受别人的意见。"太宗听出其中话意，自责道："卢祖尚抗旨固然有罪，但依法不至于处死。朕一时发怒便杀了他，看来连高洋也不如了。"

名相魏征若只是徒慕虚名，大可不必冒着生命危险去给李世民上谏。他只须为表面的太平盛世歌功颂德，锦上添花即可。但魏征没有这样做。他以一贯的实在作风遇事从不从自己利益出发来考虑，而是更多地办实事，出实效，为江山社稷着想，为百姓谋利。百代之后，青史仍留魏相之名，不能不令我们深思！

名誉毕竟是人的身外之物，虽然很重要，但是，人的生命更重要，为了追求身外之物的名誉，而影响、损害、甚至送掉性命，就是舍本逐末。

我们社会上有很多先进人物，他们常常在这种名誉下，生活得很苦很累，失去了常人生活的乐趣，总是想着自己的一言一行、一举一动都要符合自己的身份，这就像给自己带上了名誉的枷锁，失去了生活的自由，也失去了生命的本真。

不为虚名所累，就是一切以人为本，该怎么做就怎么做，该追求自己的人生目标，就不要被眼面前的花环、桂冠挡住了前面的道路，你应该毫不犹豫地拨开这一切身外之物，走自己的路，干自己的事，不因小成就而妨碍自己的大成功，这样，才能使你获得真正的荣誉。

7. 管住自己的嘴巴

【原文】

有左有右，有伦有义，有分有辩，有竞有争，此之谓八德。六合之外，圣人存而不论；六合之内，圣人论而不议。

——《庄子·齐物论》

【译文】

有左有右，有序列有等别，有分解有辩驳，有竞比有相争，这就是从无发展到有的八种界限。天地四方宇宙之外的事，圣人总是存而不论；宇宙之内的事，圣人虽然细加研究，却不随意评说。

【处世哲学】

庄子向来主张少说话，话不在多而在精。这里，庄子更进一步，认为，多言不如多知，话能不说就不说，只要心里明白就可以了，不该说的话多说无益。正所谓：傻瓜的心在嘴里，聪明人的嘴在心里。

聪明的人在应该说话的时候，必然会慷慨陈词；而不该说话的时候，他就会闭口不言。一个懂得讲究说话艺术的人，一定是一个懂得如何做人的人。

在各种场合，能言善道的人，似乎拥有一件强有力的武器，占尽一切便宜。但是，成功的人，并非因为那一张嘴巴而成功。正如古语所说"水能载舟，亦能覆舟"。很多人的失败，往往又是因为那张不能控制的嘴巴。事实上，上天赐给你天才，但又没教你说话的技巧。说话的技巧和天才，是两件完全不同的事。如果说天才是上天特别的照顾，那么技巧便是靠后天的努力的结果。

话说得太多意味着什么？一是思路不清；二是信心不足。一个思路不清晰的人，很难让人信任。连自己的事情还没搞懂，如何帮助人家去做好事情？如果思路是清晰的，但话太多，表明这个人信心不足，信心不足的原因只有一个，他说的东西不像他所描述的那样好，他想尽力让人相信他的谎言。

一个说话随便的人，往往没有责任心。话多不如话少，话少不如话好，多言不如多知，即使千言万语，也不及一件事实留下的印象那么深刻。我们绝对要少说话，尤其当有陌生人比我们有经验，或者有更了解的人在座时，因为如果话说多了，便是不打自招地露出了自己的弱点，也失去了一个获得智慧和经验的机会。说话要说得少而且说得好。因此，在我们人生中，有两种训练是不可少的，那就是沉默与优美而文雅的谈吐。如果我们不会机智的谈吐，又不会适时沉默，是很不幸的。我们常因说话而后悔，所以，当你对某事无深刻了解的时候，最好还是保持沉默！

少说话的人就能静静地思索，使自己说出来的话更为精彩。

说话不容易，然而语言又是人与人之间沟通的桥梁。因此，要能达到双方沟通的效果，说话就必须有要领，否则就会有"做人难，难做人"之苦。那么，要如何说话呢？

1. 言必契理。有的人见到老农老圃，就说如何种植稻谷菜蔬，见到商人，就说出一套生意经；见到工人，就说各种工艺技巧。这表示其说话能契合众生的根机。契机固然必要，不过最重要的还是要言论能够合理，也就是契合道理。

2. 言可承领。这是说所有的言论，要让别人能接纳领会。如何让别人接受我们的言说呢？这是说对众生要慈悲，多说好话，不要吝于赞美。此外，即使说好话也要能适时适地，简洁透澈明了，让人心生欢喜，而接受我们的美言。否则，有好话不能使人承意领受，岂不可惜！

（3）言则有信。言而无信，如何立身？所以，说话要有信用。我们一生说话童叟无欺，不虚伪，能让人相信我们的言说，人格必为人所肯定。

（4）言无可讥。这是说我们所说的话要圆融，面面俱到，令人无懈可击。要慎言，不可强不知以为知而随意发言，让人有讥讽的口实。什么话可以让大家接受、欢喜而不讥评呢？说给人信心、给人欢喜、给人希望、给人方便的言论，则能不为人所讥讽。

另外，如果你能做到下面这样，就能成为一个受欢迎的人了。

急事，慢慢地说；大事，清楚地说；小事，幽默地说，没把握的事，谨慎地说，没见证的事，不要胡说；做不到的事，别乱说，伤害人的事，不能说，讨厌的事，对事不对人地说；开心的事，看场合说，伤心的事，不要见人就说，别人的事，小心地说；自己的事，听听自己的心怎么说；现在的事，做了再说；未来的事，未来再说。

不管一个人说得多好，你要记住：当他说得多的时候，终究会说出蠢话来。所以，一个人最可贵的才能是：管住自己的嘴巴，在用一个词就能说清楚的地方绝对不用两个词。

8.　知足常乐

【原文】

与物相刃相靡，其行尽如驰，而莫之能止，不亦悲乎！终身役役而不见其成功，茶然疲役而不知其所归，可不哀邪！

——《庄子·齐物论》

【译文】

跟外界环境相遇或擦肩而过，行动迅速，没有什么力量能使他们止步，这难道不可悲吗！终被役使却看不到自己的成功，一辈子困顿疲劳却看不到自己的归宿，这难道说不很悲哀吗！

【处世哲学】

庄子认为，人不应该总处于奔波劳碌之中，应适可而止。

知足者常乐，知足便不作非分之想；知足便不好高骛远；知足便安若止水、气静心平；知足便不贪婪、不奢求、不巧取豪夺。知足者温饱不虑便是幸事；知足者无病无灾便是福泽。所谓修身养性，参禅悟道，无非就是个散淡随缘，乐天知命。

"终身役役而不见其成功，茶然疲役而不知其所归，可不哀邪！"这其中的玄机，就靠自己去参悟了。过分的贪取、无理的要求，只是徒然带给自己烦恼而已，在日日夜夜的焦虑企盼中，还没有尝到快乐之前，已饱受痛苦煎熬了。

因此古人说："养心莫善于寡欲"。我们如果能够把握住自己的心，驾驭好自己的欲望，不贪得、不觊觎，做到寡欲无求，役物而不为物役，生活上足常乐，随遇而安了。

知足常乐，可以说为每个中国人所熟知，但在现实中又有几人能做到这一点呢？许多人聪明，但却不知足，贪心过重，为外物所役使，终日奔波于名利场中，抑郁沉闷，难以享受人生之乐。

不知足的可怕之处，不仅在于摧毁有形的东西，而且能搅乱你的内心世界。你的自尊，你所遵守的原则，都可能在不知足面前跨掉。

人的欲望是没有止境的，如果任由其膨胀，则会由此生出许多烦恼。

有个青年人常为自己的贫穷而牢骚满腹。

"你具有如此丰富的财富，为什么还发牢骚?"一位智者问他。

"它到底在哪里?"青年人急切地问。

"你的一双眼睛，只要能给我你的一双眼睛，我就可以把你想得到的东西都给你。"

"不，我不能失去眼睛!"青年人回答。

"好，那么，让我要你的一双手吧! 对此，我用一袋黄金作为补偿。"智者又说。

"不，我也不能失去双手，"青年人焦急地说。

"既然有一双眼睛，你就可以学习; 既然有一双手，你就可以劳动。现在，你自己看到了吧，'你有多么丰富的财富啊!'"智者微笑着说道。

我们来到这世上时，本来就是赤条条的，一无所有，是上苍赋予了我们生命、亲友以及思想和财物等等，上苍待我们何厚? 使我们拥有了这么多，又占据了这么多。可是我们却从来也没有满足过，依然在祈求着上苍为我们降下更多的甘霖。

如果你想获得什么不妨看看自己拥有什么，生活中如能降低一些标准，退一步想想，就能知足常乐。人应该体会到自己本来就是无所欠缺的，这就是最大的富有了。然而，生活不可能也不会按照我们的需求来十足地供应我们，于是，我们便失望了，我们便不满了。

老子说:"知足不辱，知止不殆"(《老子·立戒第四十四》)。就是告诫人们要知足，知道满足就不会受辱，知道适可而止，就不会遭遇不幸。

老子又说"祸莫大于不知足，咎莫大于欲得"(《老子·俭欲第四十六》) 不知足是最大的祸患，贪得无厌是最大的罪过。把钱财、家世、容貌视为荣辱标准的人，一般都不知足，越有越想有，越有欲望越盛；欲望太盛，就会生出邪念，为拥有更多的财权欲而不择手段。由敬财、爱财而贪财、聚财、敛财，甚至于见钱眼开、巧取豪夺、惟利是图、谋财害命。市场上大量的假冒伪劣商品屡禁不绝，正是这方面的原因所致，生活中这类例子几乎每个人都耳闻目睹，真乃是欲壑难填！

知足是一种境界，知足的人总是微笑着面对生活，在知足的人眼里，世界上没有解决不了的问题，没有趟不过去的河，他们会为自己寻找合适的台阶，而绝不会庸人自扰；知足是一种大度，大"肚"能容天下事，在知足的人眼里，一切过分的纷争和索取都显得多余，在他们的天平上，没有比知足更容易求得心理平衡了；知足是一种宽容，对他人宽容，对社会宽容，对自己宽容，这样才会得到一个相对宽松的生存环境。知足常乐，此之谓也。

9. "无我"是人生的最高境界

【原文】

昔者庄周梦为胡蝶，栩栩然胡蝶也，自喻适志与，不知周也。俄然觉，则蘧蘧然周也。不知周之梦为胡蝶与，胡蝶之梦为周与？周与胡蝶，则必有分矣。此之谓物化。

——《庄子·齐物论》

【译文】

过去庄周梦见自己变成了蝴蝶，欣然自得地飞舞着的一只蝴蝶，感到多么愉快和惬意啊！不知道自己原本是庄周。突然间醒过来，惊惶不定之间方知原来是我庄周。不知是庄周梦中变成蝴蝶呢，还是蝴蝶梦中变成庄周呢？庄周与蝴蝶毕竟是有区别的。这就叫做物、我的交合与变化。

【处世哲学】

这是《庄子》里一个有名的故事，这个故事一般称作"庄周梦蝶"。在一般人看来，一个人在醒时的所见所感是真实的，梦境是幻觉，是不真实的。醒是一种境界，梦是另一种境界，二者是不相同的；庄周是庄周，蝴蝶是蝴蝶，二者也是不相同的。

庄子却以为不然。

李白《古风》云："庄周梦蝴蝶，蝴蝶为庄周，一体更变易，万事良悠悠。"也就是说庄周与蝴蝶已经"物化"为一体了。庄子已经看不到自己，而是和自然合而为一了，这就是"无我"。

对此，可以做以下推理：如果"我"一会儿可以是庄周，一会儿可以是蝴蝶。那么，"我"到底是什么？就成了不确定的了。所以说，"我"之所在是始终处于变幻不定之中，庄子称之为"物化"。

庄子认为：世上万物，尽管千变万化，都只是道的物化而已。庄周也罢，蝴蝶也罢，本质上都只是虚无的道，是没有什么区别的。这叫"齐物"。

"齐物"和"物化"的本质就是"物""我"两忘，也就是"无我"。

庄子的这种"物""我"两忘，也就是"无我"的境界应该是很难得的。关于"物""我"两忘，王国维给我们做了很好的阐释。

王国维在《人间词话》中云：有有我之境，有无我之境。"泪眼问花花不语，乱红飞过秋千去。""可堪孤馆闭春寒，杜鹃声里斜阳暮。"有我之境也。"采菊东篱下，悠然见南山。""寒波澹澹起，白鸟悠悠下。"无我之境也。

"有我之境"，以我观物，故物皆著我之色彩。无我之境，以物观物，故不知何者为我，何者为物。

"无我之境"，即"不知何者为我，何者为物"的物我两忘、物我同一之境。要达到这一境界，关键在于主体的状态。此时的主体应该处于佛家所谓"四大皆空"，道家所谓"坐忘"状态，昔人叔本华又称之为"纯粹的主体"，即完全超脱于生死之欲、取消了个体意志的主体。只有取消了个体意志，才能取消主客对立，实现"物""我"同一，最终达到真正的"无我"。

这里值得注意的是，庄子这里的"无我"，不仅是指四肢肉体会"无我"，连精神也要"无我"。事实上，庄子对人除了肉体的四肢五官外，是否还有另外一个叫做"蝴蝶"的精神或心灵，似乎也是持怀疑态度的。也就是说庄子只是个身体，而蝴蝶就是精神，也许真的有那么一个地方是可以让蝴蝶不需借助身体而生活的。在梁山伯与祝英台中，两人也是双双化蝶而去的。起码这也算是个美好的愿望吧。

　　按照庄子的"无我"哲学，我们还可以得出这样的结论，那就是梦与现实的关系。庄子搞不清楚自己与蝴蝶的关系，那么他搞清楚了现实与梦的关系了吗？

　　按照常识，不管梦见了什么，梦只是梦，梦醒后就回到了真实的生活中，这个真实的生活绝不是梦。可是，庄子偏要问：你怎么知道前者是梦，后者不是梦呢？你究竟凭什么来区别梦和真实？

　　对于这个问题的回答，有人也许会说，凭感觉就能分清哪是梦，哪是真实。譬如说，梦中的感觉是模糊的，醒后的感觉是清晰的；梦里的事情往往变幻不定，缺乏逻辑，现实中的事情则比较稳定，条理清楚；人做梦迟早会醒，如此等等。

　　然而，庄子会追问你，你的感觉真的那么可靠吗？你有时候会做那样的梦，感觉相当清晰，梦境栩栩如生，以至于不知道是在做梦，还以为梦中的一切是真事。那么，你怎么知道你醒着时所经历的整个生活不会也是这样性质的一个梦，只不过时间长久得多而已呢？

　　事实上，在大多数梦里，你的确并不知道自己是在做梦，要到醒来时才发现原来那是一个梦。那么，你之所以不知道你醒时的生活也是梦，是否仅仅因为你还没有从这个大梦中醒来呢？

　　这么看来，庄子提出的问题貌似荒唐，其实是一个非常重要的哲学问题。对这个问题，庄子虽然持疑问的态度，但他的疑问也正好给了我们肯定的回答。

　　庄子说："遽遽然周也，不知周之梦为胡蝶与?"显然已经"物""我"两忘，人与蝶，梦与醒，浑然一体了。蝴蝶本身并不卑贱，人自身也并不高贵。大家都是平等无二，合二为一的，所以他才能达到不知人也、物也的地步，也就是已经达到了"无我"的人生最高境界。

这种境界，也是后来的陶渊明在其《饮酒》中说的："此中有真意，欲辩已忘言。"

这里庄子不仅认为人与蝶，梦与醒，无法分开，浑然一体了，甚至认为人就是蝶，梦就是醒，人与蝶，世界万物及发生的一切，都不过是一场大梦而已。梦是什么？梦是自然，梦是万物的本原。这就是庄子的"蝶悟"。

庄子的这种"蝶悟"智慧在于：

1. 通过瞑目存神，屏息万缘，而忘掉自己的四肢五体，从而使灵魂逍遥自在。

人类的身体就是一个很大的障碍，我们不得不去每天为它谋衣糊口，去奋斗，去抗争，自然会惹出许多的烦恼和痛苦来。等到我们没有了身体的时候，自然也就不会为了那些衣食住行而操心奋斗了。那个时候，我们还会有什么灾难和烦恼呢！

当一个人已经到了不受时空的限制，心中没有牵挂障碍了，赤洒洒，圆陀陀，光灼灼而无所不在、无所不能时，才会蝴蝶为梦，物我两忘。

2. 将生死寿夭、苦乐悲欢、是非荣辱、高低贵贱放在心上是愚人的悲哀，这样的人还在"有我"的境界里苦苦挣扎。在庄子看来，既然人间的生死寿夭、苦乐悲欢、是非荣辱、高低贵贱没有什么区别，是虚幻不实的，是梦，人们就应该把它们看淡，身处其中而心处其外，不去辩识，不去执着，来了就让它们自然而然地来好了，去了就让它们自然而然地去好了。可是人们却往往做不到，结果是自寻烦恼，等到事情过去了，才醒悟过来，才悔不该当初。

庄子认为，人，不过是自然中的一粒微尘，无所求，便可尽获所有，有容乃大，无欲则刚。庄子是一个看透生命内在之需的人。他知道水中游鱼的快乐，他说快乐的至境就是身无所依，心无所求。他彻底地扬弃了名利情物，但他没有丢掉善。在喧嚣的世间，因为无所求，所以无欲无为，直至无我，齐物我，齐万物，是至人也。

只有参透"庄周梦蝶"的真正内涵，努力使自己达到"无我"的境界，排除一切外界的干扰，才能看清人世的本来面目，才是洞彻人世的来龙去扰，才能回归人的本性，就像大梦醒后才知大梦一样。

10. 拥有自信，快乐生活

【原文】

物固有然，物固有所可，无物不然，无物不可。

——《庄子·齐物论》

【译文】

一切事物本来都有它"是"的地方，一切事物本来都有它"可以"的地方，没有什么东西不是，没有什么东西不可。

【处世哲学】

庄子认为万事都有两面性，但最后却都是一个整体，所以人应该对自己的生活拥有自信，坚持对的事情就会往成功的方向发展。信心对每个人来说是相当重要的。每一位成功者都相信上帝一定不会创造废物在这个世上，他们十分了解上帝所赋予他的使命，并坚定地相信，自己必然迈向成功的顶峰。

绝对的信心，加上不断的行动，成功就不会遥远了，只要秉持下去，所发挥出来的威力及获致的成果，恐怕还会在你的想象力之外。

有个顽童，在悬崖边鹰巢里发现一颗老鹰的蛋，就将其带回父亲的农庄，放在母鸡的窝里，看看能不能孵出小鹰来。

不久那颗蛋果真孵出了一只小鹰。小鹰跟着它同窝的小鸡一起长大，每天在农庄里追逐主人喂饲的谷粒，一直以为自己是只小鸡。某一天，母鸡焦急地咯咯大叫，召唤小鸡们赶紧躲回鸡舍内。慌乱之际，只见一只雄伟的老鹰俯冲而下，小鹰也和小鸡一样，四处逃窜。

'经过这次事件后，小鹰每次看见远处天空盘旋的老鹰身影，总是不禁喃喃自语："我若是能像老鹰那样自由地翱翔在天上，不知该有多好。"

一旁的小鸡总会提醒他："别傻了，你只不过只鸡，是不可能高飞的，别做那种白日梦吧！"

小鹰想想也对，自己不过是只小鸡，就回过头去和其他小鸡一起追逐主人撒下的谷粒。直到有一天，一位训练师和朋友路过农庄，看见这只小鹰，便兴致勃勃要教小鹰飞翔，而他的朋友认为小鹰的翅膀已经退化无力，劝训练师打消这个念头。

训练师却坚持认为由高处将小鹰掷下，它自然会展翅高飞。不料，小鹰只轻拍了几下翅膀，便落到鸡群当中，和小鸡们四处找寻食物。

训练师仍不死心，再次带着小鹰爬上农庄内最高的树上，掷出小鹰。小鹰害怕之余，本能地展开翅膀，飞了一段距离，看见地上的小鸡们正忙着追寻谷粒，便立即飞了下来，加入鸡群中争食，再也不肯飞了。

朋友们开始嘲笑声他，他却将小鹰带上高处的悬崖：小鹰放眼看去，大地、农庄、溪流都在脚下，而且变得十分渺小。待训练师的手一放开，小鹰展开宽阔的双翼，终于实现了它的梦想，自由地翱翔天际。

如果你想追求人生成功的新领域，就扬起双翼，不用回头看以前的同伴，也不必怀疑自己不可能。只要你的眼光看得够远，就能够真正飞起。不要因为几次试飞不成的挫折而甘心落回原地，只要你不断保持想飞的念头，不断尝试，就一定会成功。

有个失业的伐木工人，见到报上刊登的征人启事，便兴冲冲地前去应征。到了应征的地点，林场的工头依例在甄选时要问明应征者的工作经历。

伐木工人回想自己的经历，总是打零工的时候少，失业赋闲的时候多，细想了许久，终于想好了答案。

轮到他时，工头问他曾在哪个林场长时间工作过，伐木工想也没想，立即回答："撒哈拉丛林。"

工头瞪了他一眼："我只听说过有撒哈拉沙漠，哪里来的撒哈拉丛林？胡说八道。"

伐木工人面不改色地回答："撒哈拉那个地方，原本是丛林，自从我在那边伐过木之后，就变成一片沙漠了。"

对自己有了百分之百的信心之后，就要你不断地采取行动。你就会惊奇地发现，此时不但你热爱工作，工作也会爱上你。

建立绝对的信心，付出大量的行动，你的人生将会被开拓成一个美好的王国。

不论您想要的是什么，只要你真正愿意拥有梦想，你就有机会得到你想要的一切。

因此，扩大你的梦想，勇敢地去梦、去想，凡事皆有可能实现——只要你的梦想是正面的、为大众所喜爱的。你将发现，梦想就在你伸手可及之处。

梦想是成就的源头，成功者必是伟大的梦想家。有个落魄的中年人，每隔三两天就到教堂祈祷，他的祷告词几乎每次都相同。

第一次他来到教堂，跪在圣坛前，虔诚地低语："上帝啊，请念在我多年来敬畏您的份上，让我中一次彩券吧！阿门。"

几天后，他又垂头丧气地来到教堂，同样跪着祈祷："上帝啊，为何不让我中彩券？我愿意更谦卑地来服侍您，求您让我中一次彩券吧！阿门。"

又过了几天，他在教堂同样重复他的祈祷，如此周而复始，不间断地祈求着。

最后一次，他跪着对上帝说："我的上帝，为何您不听我的祈求？让我中彩券吧！只要一次，让我解决所有困难，我愿终身奉献，专心侍奉您。"

就在这时，圣坛上空发出一个人的声音："我一直在听你的祷告。可是——最起码，你也该先去买一张彩券吧！"

梦想是成功的起跑线，决心则是起跑时的枪声，而行动犹如跑步者全力的奔驰，惟有坚持到最后一秒钟的，方能获得成功。

如同上帝已将中奖的彩券为你准备妥当，你应做的，是在祈祷。完毕之后，立即起身为自己买一张彩券。生活如同彩券，准备好了，拥有信心，中奖的几率就会很高，快乐的几率也会增加。

11.　拥有时要加倍地珍惜

【原文】

有始也者，有未始有始也者，有未始有夫未始有始也者；有有也者，有无也者，有未始有无也者，有未始有夫未始有无也者。

——《庄子·齐物论》

【译文】

宇宙之初有过这样那样的"有"，但也有个"无"，还有个未曾有过的"有"，同样也有个未曾有过的"无"。突然间生出了"有"和"无"，却不知道"有"与"无"谁是真正的"有"、谁是真正的"无"。

【处世哲学】

庄子认为，世事难以预料，今天感觉有的，明天或许就感觉没有了；今天是这样的感觉，明天或许是另外的感觉。所以，在"有"和"无"的混沌、懵懂之间，我们最重要的是把握好现在。

有一位教授，中年丧妻。这突如其来的变故，实在叫人难以接受，但是死亡的到来不总是如此吗？

教授说他太太最希望他能送鲜花给她，但是他工作很忙，又成天泡在实验室里，又觉得花那么多钱买花实在是浪费，总推说等到下次再买，结果却是在她死后，用鲜花布置她的灵堂。

也许，你会说："这不是太愚蠢了吗？"但这是事实，是在我们的生活中广泛存在的事实。

所以，做人，要把握现在，珍惜现在的拥有。

但是，太多的人不明白这个道理。人人都很愿意牺牲当下，去换取未知的等待；牺牲今生今世的辛苦钱，去购买来世的安逸。只要往有山的道路上走一走，就随处都可看到"农舍"变"精舍"，山坡地变灵骨塔，无非也是为了等到死后，能图个保障，不必再受苦。许多人认为必须等到把某些重要的事情完成之后再采取行动。

但是，天不随人愿，谁知道哪片云彩会下雨呢？生活总是一直变动，环境总是不可预知，在现实生活中，各种突发状况总是层出不穷。

例如，一些人早上醒来时，原本预期过的是另一个平凡无奇的日子，没想到一件意料之外的事发生了。刹那间生命的巨轮倾覆离轨，突然闯进一片黑暗之中。那么，我们所有美好的愿望都会随之灰飞烟灭。

所以，我们毋需等到生活完美无暇，也毋需等到一切都平稳，想做什么，现在就可以开始。

有这样一个故事很能给我们启示。

几个年轻人一起去山里玩，历尽坎坷艰辛，忽然来到一个壮观美丽的瀑布前面，他们激动得欢呼雀跃。一个男孩忍不住对一个女孩说："真想吻你一下？"女孩说："不行，我要留给今生娶我的人，我必须是完整的啊。"另一个女孩看着这个男孩，男孩说"你呢？"那个女孩就轻轻吻了他脸颊一下。

很多年过去了。这两个女孩都成了老妇人，她们有一天相聚了。第一个女孩说起这件事，突然说她发现自己很傻，原来错过了一件很浪漫的事，错过了一个吻。另外一个女孩说："你错过的不是一个吻，也不是一段情，而是年轻时候一颗坦然真诚的心。

美丽的风景一再错过，但过后再追悔"早知如何如何"是没有用的，"那时候"已经过去，你追念的人也已成了身后的风景。不管你是否察觉，生命都一直在前进。人生不售来回票，失去的便永远不再有。

事情的结果尽管重要，但是做事情的过程更加重要，因为结果好了我们会更加快乐，但过程使我们的生命充实。人的生命最后的结果一定是死亡，我们不能因此说我们的生命没有意义。世界上很少有永恒。恋爱中的人们每天都在信誓旦旦地说我会爱你一辈子，这实际上是不真实的。最真实的说法是："我今天，此时此刻正在真心地爱着你。"明天也许你会失恋，失恋后我们会体验到失恋的痛苦。这种体验也是丰富你生命的一个过程。

不要再等待有一天你"可以松口气"，或是"麻烦都过去了"。

生命中大部分的美好事物都是短暂易逝的，享受它们，品尝它们，善待你周围的每一个人，别把时间浪费在等待所有难题的"完满结局"上。

珍惜已拥有的一切，珍惜现在的自己，珍惜现在爱你的人，珍惜现在你爱的人。建立珍惜的心态，你就会更加热爱生命，心胸坦诚，重视信誉，能够包容。美好的事物，其实是无时不在我们身边的，只要我们细心地去感受，敏锐地去观察，你会发现，原来，美好的事物与我们是那么接近！如果你一个不小心，它们也许会从我们身边偷偷地溜走。所以，我们应该在这些精灵还没有溜走之前，好好地把握，好好地珍惜！

12. 只有行动才算数

【原文】

道行之而成，物谓之而然。

——《庄子·齐物论》

【译文】

道路是由人走出来的，事物是因为人们如此称呼而形成的。

【处世哲学】

如果我们不能为我们的信仰和愿望而行动，那么，无论什么哲学理论叫得多么震耳欲聋，对我们也没有丝毫益处。

只有行为才算数。有了坚强的信念，就要立即付诸行动。

你是否相信：只要能力与精力许可，人人都能达到自己所追求的目标？你极有可能会干脆地说："当然。"或许你旁边还有人在摇旗呐喊，表示赞同。假如你此时正失业在家，没有任何收入，新的工作又遥遥无期，你还会相信这种说法吗？

请看席勒的故事，信念让他决不轻言放弃。

我的父亲不但事业成功，而且为人慷慨。从我高中的时候开始，只要我需要用钱，我随时可以用父亲银行的账号开克票。上大学时，我更是随心所欲了。这样舒适、逍遥的生活一直继续到父亲去世。父亲留给我的遗产是一块相当大、而且十分值钱的土地，但没多久，大萧条便席卷各地，我当年的财务便是严重赤字。这以后为了偿债和到银行贷款，陆续便把田地抵押，并最终被银行拍卖。

直到有一天，我突然发现自己已经一无所有。如果我要活下去，就必须出去找一份工作。那是我以前从未考虑过的事。在此以前，我惟一的技能是开支票，但此法目前已完全行不通了。我完全陷入了茫然。

一天晚上，我从噩梦中醒来，终于知道自己必须面对事实了。我对自己说，无忧无虑的童年岁月已过，现在你已长大成人，当然做事也要像个大人。伙计，开始工作吧！一直以来我天真地认为美国是个充满机会的国度，只要努力，便能达到追求的目标。如今，虽然正值经济萧条时刻，工作机会不多，但我对自己的前途仍满怀希望。

我的健康状况良好，具有大学文凭和一些商业知识，又有从失败和错误中所得到的经验。我迫切需要的是采取行动，而不是浪费时间去抱怨自己的不幸遭遇。我要用行动证明这个国家是个充满机会的地方，只要有决心，人人都可赢得一席之地。这份信念，让我不能够轻言放弃。

我终于在一家财务公司找到工作，并在那里愉快地工作了4年。后来，我辞去职务，再次回到家乡的土地上。这一次，事情进行得顺利多了。我慢慢积聚力量并逐渐建立起自己的信用，并扩大了经营的范围。

我失去的一切，都被我重新赢了回来。感谢多年来失败给我的教训，这一次，我是真正靠自己走上了成功之路。我的努力没有白费，我还把这些宝贵的经验都传给了我的两个儿子，因为我深深明白：这比单独只给他们财富要有意义多了。

由此可知，我们必须信仰某些事物。但是，假如我们没有就此采取相应的行动，一切仍然无用。

《珍惜每一天》的作者约翰·希勒告诉我们："成熟必须靠学习得来。"而且，通常必须经过困苦的磨难才能获得这种奖赏。赫德利也学到了这样的教训。

赫德利太太住在加拿大的沙卡契文市，是个快乐、平凡的家庭主妇。她的生活一直风平浪静，直到一场可怕的车祸，使她毫无防备地跌入生活的深渊。

医生起初以为赫德利太太的脊椎骨断裂了，后来，根据X光判断，虽然她的脊椎骨并没有碎裂，但骨骼表面仍因擦伤而长出了刺状物。医生吩咐她卧床休养一个月，并且告诉她由于她的脊椎骨有严重的僵硬现象，也许在五六年之后，她将全身瘫痪。

赫德利太太回忆当时的心情时说道：

我愣住了。我一向活泼好动，从没遇到过挫折，但现在，不幸终于发生了。卧床的时间越长，我的勇气和信心消失得越快，我陷入了无尽的恐惧之中。我不断地告诫自己，五年的岁月，我可以做许多事情以帮助减轻家人的负担。只要我继续治疗，并坚定战胜病魔的信心，说不定会改善自己的状况。我不会轻易缴械投降，我一定要勇往直前。我相信，并且下决心要有所作为，接下来，恐惧感竟然消失了。

为了鼓舞自己开始新生活的勇气。我总是不停地提醒自己：向前，向前，向前！

五年一晃而过。如今，医生惊喜地告诉我恢复的情况良好，并有完全康复的可能。医生要我保持愉快的心情、对生命要抱有积极的心态。这正是我的信念。只要我的身体还能活动，我一定会坚持不懈地做下去。

赫德利太太成熟的表现来自一个信念，并且根据这个信念采取行动。当然，仅有信念不足以让我们变得成熟。信念能增强我们的勇气，使我们在接受考验的时候，能勇于面对。但目标的实现还需要我们采取积极的行动。

有时，我们的行动和信仰也会有矛盾的地方。比如，有名妇女笑着告诉朋友，店里的女售货员多找了零钱给她。朋友问她是否打算将钱退还，并向那位女售货员说明理由，她听了大不以为然。"当然不啊！"她提高了声调急急说道："那是她的过失，当然得由她负责。想想看，若是她少找了零钱给我，不就是我吃亏了吗？"

如果我们要认真质疑这位妇女的诚实度，她当然就要自取其辱了。她对女店员的过失幸灾乐祸甚至到了不顾体面的地步。这种不光明磊落的行为，完全暴露出她是不诚实的。

耶稣曾说过："凭他们所结的果子，就可以认出他们来。"是的，只有行为才算数。如果我们不能为我们的信仰而行动，那么，无论什么哲学理论叫得多么震耳欲聋，对我们也没有丝毫益处。一旦我们有了坚强的信念，就要付诸行动。

有一名坚信人不可轻言放弃的建筑商。他不但如此坚信，而且还时时在行动中表现出来，因此事业做得十分成功。

年轻的时候，他打算在建筑和工业界谋求职位，由于没有经验，他四处碰壁，没有人愿意聘用他。由于当时经济不景气，很少有公司需要聘请工程或制图人员，就是经验丰富的老手也不时有人失业。

满怀憧憬的年轻人感到非常失望。但后来一直找不到工作也不是办法，干脆就自己来创业吧。于是他从亲友那里借了500美元，然后成立了一家小小的建筑公司。可以想象，想要盖房子的人，谁会愿意找一名没有经验又没有名气的人来做呢？但无论如何，这位年轻人鼓起勇气，下定决心干到底。就凭这么一种信念和坚持，他终于找到几桩小生意来做。

虽然他的第一笔生意，由于缺乏经验，估价不准，而赔了200美元，但有了这次失败的教训，接下去的几桩生意便顺利多了。由于他坚持自己的信念，从不轻言放弃，终于度过了一生中最大的难关。

人要么因为没有信念而一蹶不振，要么把信念化成行动，并且不顾一切地坚持到底。相信你一定会在二者之间做出明智的选择。

只有行动才算数。坚持到最后，需要配合有积极的行动。做事做人都要有一种"道行之而成"，果敢立断，而不犹犹豫豫，裹足不前，让事情坏在这种犹豫不决中，让众多好思想徒具一副好皮囊。

宋仁宗时，社会经济文化都有很大的发展。但土地兼并严重，国家财政空虚，西夏和辽屡次犯边，致使人民起义不断，统治集团内部矛盾重重，使北宋积贫积弱的局面逐渐形成。

这种社会不稳定的局面，反映到皇宫内部的斗争必然尖锐起来。崇政殿的亲从官颜秀、郭逵、王胜、孙利四人，本是皇帝的心腹，为皇帝出生入死。但是，眼看社会动荡不安，他们觉得北宋江山也长久不了，便私下里密谋，准备兴兵叛变，劫持仁宗"挟天子以令诸侯"，或直接推翻宋朝，以新的年号取而代之。他们是皇帝侍从官，容易接近皇帝，很容易达到目的。正如俗话说：堡垒最容易从内部突破。

准备就绪后，颜秀便开始行动了。他们杀死了军校，一路厮杀，进入延和殿，再攻杀进禁中，很快逼近皇帝的寝殿。这时，皇后正在殿内，和皇帝闲谈，夜里得知宫内发生谋变，仁宗很惊慌，便打算逃出寝殿，保全自己，皇后却立即关好门，然后派人召来都知董守忠等人，请他们带兵护卫，确保皇上安全。不一会，颜秀等人冲到福宁殿下，斩杀宫中人，宫中见状四处奔逃，惊吓声四起，有的被斩断了臂膀，呼痛之声，响彻帝所。恐怖与惊吓的气氛，笼罩着整个寝殿。何承用怕皇帝惊恐，启奏宫人殴打小女子。皇后大声怒斥道："叛贼在殿下杀人，皇上就要出来，你们还敢妄言启奏？"皇后知道叛贼要纵火烧殿，便吩咐左右持水准备。不一会，叛贼果然以蜡烛焚烧灯笼，再焚烧宫殿。左右持水者，迅速将火浇灭，叛贼烧殿不成。双方的战斗仍在激烈地进行着。为了组织力量，打击叛贼，防止出现更大的叛乱，皇后亲自削剪宦官的头发，并说："平定叛贼后，我要论功行赏，其凭证就是剪过的头发。"宫中宦官及宫女，都争相剪发，尽力拼杀。经过一番激烈的战斗，宦官及宫女有一定伤亡，但颜秀、郭逵、孙利三人终为卫兵所诛杀，王胜一人逃跑，数日之后，也被抓获，立即被斩杀。颜秀等人的宫中谋变，至此彻底失败。宫中又恢复了原有的平静。

这次事变，起于突然，宫中毫无准备，但仁宗皇后善观动态，巧于措置，仓促之间，指挥若定，转危为安，终于平乱，没有惊人的魄力是很难办到的，不愧为巾帼英雄。

只有行动才算数否则犹豫不决就会一事无成。有些人总是前怕狼后怕虎，最后耽误的还是自己。

13. 知人者智，自知者明

【原文】

觉而后知其梦也，且有大觉而后知此其大梦也，而愚者自以为觉，窃然知之。

——《庄子·齐物论》

【译文】

人在醒来的时候方才知道其实是大梦一场，只有特别清醒的人才知道人生是一场大梦，而愚昧的人则自以为什么都知晓，什么都明了，而偷着乐。

【处世哲学】

在庄子的眼里，智，就是自我之智。明，就是心灵之明。"知人者"，知于外；"自知者"，明于道。智者，知人不知己，知外不知内；明者，知己知人，内外皆明。智是显意识，形成于后天，来源于外部世界，是对表面现象的理解和认识，具有局限性和主观片面性；明，是对世界本质的认识，具有无限性和客观全面性。欲求真知灼见，必返求于道。只有自知之人，才是真正的觉悟者。

人类的通病往往喜欢自以为是，几乎没有人不认为自己具有了解他人的能力。一个人善于了解别人，就是知彼，那就是明智。因此庄子把知人作为极大的智慧。

光了解别人还是不够的，还得了解自己，有一句话，叫"人贵有自知之明"。庄子对这个问题看得很清楚。"自知者明"，就是说能清楚地认识自己对待自己，这才是做聪明的，最难得可贵的。按照我们的普通想法，不能真正了解别人，总应该能够自己认识自己吧？其实却大不然。

庄子说：有的人则自以为清醒，好像什么都知晓，什么都明了。其实是很愚昧。

有些人只知道了解别人，把持别人，管理和领导别人，却不能更好地了解自己，把持自己，管理自己。只有了解自己，才能控制自己和管理自己的行为，使自己获得一种自己能够认可的成功。只有自己知道自己的优缺点，才能发挥优点，克服缺点。

古时候，在一个叫南岐的山谷中，那里的居民很少与山外的人交往。南岐的水很甜，但是缺碘，常年饮用这种水就会得大脖子病。南岐的居民，没有一个脖子不大的。

有一天，从山外来了一个人，这就使南岐轰动起来了。居民们扶老携幼都来围观。他们看着看着，就对外地人的脖子议论起来了，言语里充满了嘲讽：

"嘿，你看那个人的脖子！"

"可不是，真怪呀。他的脖子怎么那么细那么长，真是难看死了！"

"多细的脖子啊，走到大街上该多丢丑！怎么也不用块围巾裹起来呢！"

"他的脖子干干巴巴的，准是得了什么病！"

外地人听了众人的话，就笑着说"你们的脖子才有病呢！叫大脖子病。你们自己有病不说，反而来讥笑我的脖子，岂不是太令人感到可笑了！"

南岐人说"我们全村人都是这样的脖子，这样肥肥胖胖的，多好看啊！你掏钱请我们去治，我们都不愿意呢！"

在现实生活中，也有不少人如同南岐人一样，总是喜欢孤芳自赏，自以为是。一般来说，这主要可以分为两种类型：第一种是自命清高，我行我素。

这种类型的人觉得别人的行为习惯都是庸俗浅薄、低级无聊的，不值得与其接近，有点傲视一切的味道。即使有时想"迁就一下"，"屈驾俯就"他人，也显得极为不自然，别人也不愿意接受这种俯就，因此他就变得更独来独往了。

另一种是跌倒在自己的优势上。

许多时候，我们不是跌倒在自己的缺陷上，而是跌倒在自己的优势上。因为缺陷常常给我们以提醒，而优势却常常使我们忘乎所以。做人难不仅难在要能认清别人，更难在能清楚自己。怎样才能做到既不盲目骄傲又不妄自菲薄呢？这就需要我们进行广泛的社会交往，人也和其他任何事物一样，是在相互的比较中获得对自己的正确认识的。

讲道理容易，实行起来困难。清楚地认识自己，确实不是一件容易的事情。知人者不一定知己，所以要学会读懂自己，把自己的一生看作是一本书。我们去读，读懂了自己也就了解了生命。

14. 做好自己

【原文】

天地与我并生，而万物与我为一。

——《庄子·齐物论》

【译文】

天地和我共生，万物和我为一体。

【处世哲学】

人是天地的缩小版，天地是一个放大的人。天人本是合一的，人不要总是试图去改变天的布局和结构，他所需要做的只是在天地间享受这美好的一切。

"与物化一"这句话是明白人做人的一种大方略。这就是说，只有你看透人生种种难堪的局面，使自己的内心宽广无垠，才知"清淡之心"的作用。曾国藩淡泊名利，即在于能淡化物欲，以心养身。

"心地无私天地宽"是曾国藩喜尚的人生涵养。他认为：

涵养深有容量的人品德就高尚，遇事忍耐的人事情才能成功。这是因为，容量大就能原谅他人；有忍耐就会好事多磨。有一点不满意就勃然大怒；有一件小事违背自己的意愿就愤然发作；有一点优于他人的长处就向众人炫耀；听到一句赞颂的话就为之动容，这些都是没有涵养的表现，也只是小有福分的人啊。古人说器量随见识而增长，遇事不喜不惊，才可以担当大事业。的确，"有容德乃大，大忍事乃济"。

他还说："弟读邵子诗，领得恬淡冲融之趣，此自是襟怀长进处。自古圣贤豪杰、文人才士，其志事不同，而其豁达光明之胸大略相同。以诗言之，必先有豁达光明之识，而后有恬淡冲融之趣。

如李白、韩愈、杜牧之则豁达处多，陶渊明、孟浩然、白香山则冲淡处多。杜、苏二公无美不备，而杜之五律最冲淡，苏之七古最豁达。邵尧夫虽非诗之正宗，而豁达、冲淡二者兼全。吾好读《庄子》，以其豁达足益人胸襟也。去年所讲生而美者，若知之，若不知之，若闻之，若不闻之一段，最为豁达。推之即舜禹之有天下而不与，亦同此襟怀也。"

　　这是曾国藩从传统文化中领会了恬淡冲融的情趣，这自然是胸怀有长进的地方。曾国藩善养内心，目的是为了超脱世俗，有一种轻松格调。由于曾国藩是在中国传统文化中熏染陶冶、经过严格科举考试而产生的一个典型的封建知识分子，所以他对儒家那一套"修身、齐家、治国、平天下"的封建人生信条看得非常重要，视为平生待人接物、处世治事的基本准则。然而，在曾国藩的心目中，自宋明以来，一般正统士大夫往往把修身同治国、平天下相对立，割裂开来，强调各自的重要性，到头来不是治国、平天下缺乏精神支柱和远大目标，乃至完不成救世大业；就是满腹文章，而不能任天下大事。也就是把"传教"与"办事"对立起来。究其原因，他认为主要的问题就是人们把"修身"二字看得太简单、太孤立了，从而缺乏实际，难以使"修身"同"治国、平天下"有机地结合。因此，曾国藩主张，修身必须首先结合实际去进行。不管是读书做学问，还是待人接物；不管是带兵打仗，还是为官从政，都有修身的大学问体现其中。要做到这样，曾氏认为重要的问题就是立足于精神修养，即治心。

　　众所周知，精神是人生的寄托和支柱。有什么样的精神状态，就会有什么样的人生观。曾国藩认为，精神的修养，全是内心所要做的功夫。所谓治心之道，如惩仇窒欲、静坐养心、平淡自守、改过迁善等等，都属于精神方面的修养。因而，在他的遗著中，尤其是在他的日记和家书中，关于这方面的言论颇多。

曾国藩反复强调的是，如果一个人的精神不能安然沉静下去，那么他的心里总是散漫的，总是浮动的，对事理不会看得清楚，做事不会踏实，乃至于自己的身体也不能保养得宜。

曾国藩认为，在物欲羁绊下，一个人要"静"下来是很不容易的，他钦服颜回的淡泊，也特别指出，如果一个人不经历高山，就仍会对高山仰止，没有得到的，总是有乞求，人能大彻大悟，在登临高山，已获得后，就是不容易了。

通过对老庄淡泊寡欲之谈的继承和阐发，曾国藩得出了修养精神须平淡的道理。我们知道，一个健康的人，如果对世间之事不能看得平淡，一切都视为至关重要，都想去得到它，那么他的心境就会自觉或不自觉地被外物所扰乱，精神就会时时要受到牵累，常常会因一些不愉快的事情而耿耿于怀，就会影响到待人接物、处世治事的好坏成败。因此，曾国藩在强调静字的同时，还主张要有平淡的心境。他说："思胸襟广大，宜从'平、淡'二字用功。凡人我之际，须看得平，功名之际，须看得淡，庶几胸怀日阔。"并表示要"以庄子之道自怡，以荀子之道自克"，要把"世俗之功名须看得平淡些"。因为他认识到，一般人之所以胸襟狭窄，全是物欲之念太重，功名之念太深。更具体些说，则是私欲围扰于心，精神无安静之日，自然也就日觉有不愉快的心境。他这里所谓的宜在"平、淡"二字上用功，即是要使心中平淡，不致为私欲所扰乱，务使精神恬静，不受外物之累，使自己置身于物来顺受，然后可以处于光明无欲的心境。

一个人，如果在心境上不能平淡，则究其所以未能平淡的原因，然后在这个问题上痛下针砭，去检讨、去改过。为此，他在一生中坚持写日记，把每天的所作所为，认真检讨，如实地记录下来。综观他写下的一百多万字的日记，其内容有相当一部分是自艾自责的语句。譬如，他在朋友家中见到别人奉承卖唱之女子，"心为之动"；梦中见人得利，"甚觉艳羡"，等等。于是，他痛责自己："好利之心至形诸梦寐，何以卑鄙若此！方欲痛自湔洗，而本日闻言尚怦然欲动，真可谓下流矣！"仅在道光二十二年（1842年）冬天，他就连续一个多星期，写下了诸如说话太多，且议人短等语，如"细思日日过恶，总是多言，其所以致多言者，都从毁誉心起"、"语太激厉，又议人短，每日总是开口过多，何以不改？"。对于友人的忠告，曾国藩则强制自己虚心接受，力求改过。此外，从他所做的铭联箴言以及格言警句单字等，大部分体现了他要借以提醒自己不忘改过、立志自新的精神。

梁启超总结曾国藩之所以能成功的原因是"自制之力甚强"。自我控制能力弱，轻则伤体，重则罹祸。因此，曾国藩强调保身与"窒欲"并重，尤其对明哲保身的一套有独特运用。

曾国藩的治心经，以儒家为本，同时也融入了佛道的内容。曾国藩早年在京城时，身体羸弱，又怕平生志向不得伸展，所以常常忧思过度，一天竟吐血数口，日记中遂痛加自责，说这是"大不孝"，表示以后"唯有节嗜欲、慎饮食、寡思虑而已"。但说到容易做却难。数日后，"'忿'、'欲'二念皆大动，竟不能止"，他担心自己"成内伤之病"。连续多日，他翻阅理学家的传记以及佛教典籍，希图从中找到解脱精神痛苦的美药良方。他在读《孟子·养心篇》后说："损忿之心蓄于方寸，自咎局量太小，不足任天下之大事。"随后几天，他又阅读了佛教经典《杂阿含经》等书，对佛家的"心为法本","降龙伏虎"有进一步的体会。

曾国藩能做到的或他努力做到的,经过努力我们也能做到。只是要达到这种修养层次,人须寡欲守节,而现代人更多的是一种近利浮躁之心,不能准确地把握这种力度。但是我们可以在名利场中尽力追求坦然、享受生活。激励自己常用的观念之一是:"只要做好,就是成功"。怎么讲呢?人们从小到大就被督促着要做第一、要赢、要成功,人们学到的观念也是这样:如果自己不是最好的,就是最差的,做个比赢者差的人,就表示自己比输家还不如。有的人把获得成功的重要性置于对爱的需求之上时,他们在个人所能达到的领域里努力,有时候对成功的渴望,超过了事业成就所带来的满足感。

有报刊这样记载,在1984年的奥运会上,有两位滑雪选手赢得了全世界的瞩目。不只是因为他们卓越的滑雪技术分别获得了金牌和银牌,还因为他们对比赛所持的态度。在萨拉黑佛举行的男子弯道滑雪比赛之前,他们向媒体讲的话一点也看不出他们全心全意要取得胜利的热忱。史提夫·马尔是1982年世界大弯道滑雪的冠军,他曾很不客气地说:"美国大众给我的弟弟菲尔·马尔施加了太多的压力,要我们得到弯道和大弯道滑雪的奖牌,实际上他们根本就不知道奖牌不是那么容易拿得到的。"

美国史提夫的孪生弟弟菲尔曾在宁静湖的比赛中得到银牌,也是三届阿尔卑斯山世界杯滑雪冠军得主。菲尔曾说过:"奥运会不是什么大事……你失败了又怎样呢?生命还是会继续下去。"就在大弯道滑雪赛前他还说:"我对海滩想得比滑雪还多,我想,赢不了真的没什么关系。"这样的言论可是与人们听惯了的加油振奋的话大相径庭,不是吗?在奥运会开始之前,史提夫及菲尔被美国各种传播媒体预测为最有潜力的滑雪奖牌得主。电视播报他们，《时代》杂志奥运特刊用他们的照片做封面，因为他们赢得过其他比赛。当然这一年他们很可能也会为他们的祖国赢得奖牌，然而他们面临着每一个运动员都必须面临的问题，那就是有可能会面临失败的恐惧。

事实上，你或许不是奥运会滑雪选手，但你在工作中可能也会有这样那样的压力，也许是实际的压力，这个压力来源于你对自己要"做最好的"压力。

马尔兄弟最后为美国赢得了 1984 年奥运会大弯道滑雪项目的金牌和银牌。他们成功了，但是与此同时报纸报道：菲尔赢得了金牌，史提夫赢得了银牌，但是他们欢庆的是菲尔刚出世的孩子。菲尔得到奥运会金牌的同时，他的妻子为他生了一个 8 磅（3.6 千克）多重的儿子。对他而言，那天最重要的事是儿子的出生。比赛之后菲尔向媒体说："我来这里只是为了能发挥自己的潜力去滑雪，没有什么事情会因为我得到金牌而改变……大众把奥运会当成至高无上的事，但是我们整个冬天都在比赛。年年如此，如果我在这里没有拿到金牌，也不会让我挂心。我运动从来不是为赢，而是为了竞赛。"菲尔说："我妻子在家中忍受那样的痛苦，我却在外面玩。"虽然滑雪训练几乎是苦得不近人情，但对史提夫和菲尔来说却是在玩，他们所得到的金牌和银牌，只是说明了他们的卓越技术和竞赛精神。史提夫和菲尔似乎把愉悦和胜利都用上了。他们并不是驱策自己做最好的，而仅仅是做好他们自己。他们的成功才是真正的快乐之道。

很多运动员和演艺界人士认为，不是最好的就意味着失败。他们受这种想法的驱策，不断证明自己要做最好的。但是最好的永远只有一个，冠军也只有一个，而且这一个不可能永远只属于一个人。如果他无法认识到这一点，就会对自己无比失望。

有一位钢琴演奏家杰佛瑞非常有音乐方面的天分。他的钢琴演奏技巧娴熟并有灵魂。他才艺过人，得过很多大奖，很多听众甚至乐评人士都为他的演奏着迷。他多年的学习及每日的苦练都有了不菲的回报。然而有一天，他推倒了钢琴，拒绝再弹。他在荣耀的巅峰毅然决然地离去，不肯再弹一个音符，他甚至不肯为侄女演奏最简单的练习曲或为母亲生日伴奏生日祝福歌。他这样的坚持放弃，是演艺事业结束的象征。他是畏惧自己不能再像从前受人盛赞的那样好，从此会一落千丈，越来越差。杰佛瑞的自我价值感仅存在于完美之中，没有多余的空间留给平凡。对要"做最好的"杰佛瑞来说，一个错误就是毁灭性的，所以他宁肯在错误到来之前先放弃，这样就可以避免不完美因素对成功的影响。

你对自己的肯定如果全然取决于你的成就，那么你永远也不会对自己的成就真正感到满意。"卓越"不是什么坏事，是很重要的因素，不过它会使某些人认为仅仅是工作、学习。做一年好差事的回报不够多。心向往"做最好的"的人永远无法对自己感到满足。也许你会得奖，会成名，会被提拔和加薪，被冠以荣耀的头衔。但不管你表现得多好，你都不会有更多的成就价值感。对你来说，艾米莉·狄金森的一句话极为正确："从未成功的人把成功当作最甜美的事。"这句话后面隐含的意思是：成功的人从不会把成功看作快乐的事。

除非你克服自己追求"做最好的"的行为，你才可以脱离无法感受成功快乐的困境。

1983 年北欧世界杯越野滑雪比赛中得到冠军的比尔·柯赫说：

"重要的不是赢得奖牌，而是追求卓越。"在参加 30 公里比赛中途告一段落时，他对《洛杉矶时报》记者说："我非常兴奋，虽然我的表现够不上金牌水准，但我希望大家能欣赏它。"是的，只有抱着这样的信念才可以激励自己坦然面对成功与失败："我不要做最好的，我只要做好我自己。"

15.　简单，是最大的幸福

【原文】

大知闲闲，小知间间。大言炎炎，小言詹詹。

——《庄子·齐物论》

【译文】

才智超群的人广博豁达，只有点小聪明的人则乐于细察、斤斤计较；合于大道的言论就像猛火烈焰一样气焰凌人，拘于智巧的言论则琐细无方、没完没了。

【处世哲学】

庄子认为，耍小聪明的人总是把自己弄得很复杂，让别人认为他高深莫测；而智慧的人却很简单，一是一，二是二，说话也不是啰里啰嗦、没完没了，而是字字千斤，每句话都很有说服力。

哲人说，简单就是幸福，欲望少一些，自由多一些，过自己的生活。

有这样一群民工，就在那暖洋洋的中午的阳光下，穿着破破烂烂的衣服，就那么随随便便的，面对蓝天躺在沙堆上，睡着的和没有睡着的，单纯的笑容是发自心灵深处的那种，明亮而璀璨。他们活着，他们没有时间去多愁善感；他们爱着，他们却不懂怎么诠释爱情，他们满足着，因为他们没有奢望生活过多的给予；他们简单着，因为他们不用在人前掩饰什么。

那些所谓"精明"的、想得太复杂的人却没有这么好的命运。

印度有一位知名的哲学家，气质高雅，因此成为很多女人的偶像。某天，一个女子来拜访他，她表达了爱慕之情后说："错过我，你将再也找不到比我更爱你的女人了！"哲学家虽然也很中意她，但仍习惯性地回答说："容我再考虑考虑！"事后，哲学家用他一贯研究学问的精神，将结婚和不结婚的好处与坏处，分条罗列下来，结果发现好坏均等，究竟该如何抉择？他因此陷入了长期的苦恼之中。最后，他终于得出一个结论——人若在面临抉择而无法取舍的时候，应该选择自己尚未经历过的那一个。不结婚的状况他是清楚的，但结婚后会是个怎样的情况，他还不知道。对！应该答应那个女人的请求。

哲学家来到女人的家中，问她的父亲："你的女儿呢？请你告诉她，我考虑清楚了，我决定娶她为妻！"女人的父亲冷冷地回答："你来晚了十年，我女儿现在已经是三个孩子的妈了！"为什么会出现这样的结局？哲学家想得太多了。

人生的很多事情，可以不必去听所谓的经验的，也不必去套用什么严密的公式。你勇敢地向心上人表白了，就得到了姑娘的芳心；你横下心做了这桩买卖，事业就兴旺起来了。就这么简单。

生活中，有很多所谓智慧的人，活着，每天都对着镜子，把自己整理得纤尘不染，然后以一副微笑的面孔去从容地面对形形色色的人，不敢有丝毫的懈怠，追求着，向着一些遥不可及的目标，每天跋涉奋进，为了给自己一个生存的理由；爱和被爱着，不经意间，伤害了别人的感情也被别人的感情伤害，不敢再轻言爱情。就这样活着。自己也不能懂得自己，自己也不能明白自己。有时，会觉得自己很难理解，就会有一种茫然的、厌倦的感觉。

他们不知道为什么会这样？外人也无法理解。只有庄子知道，庄子说："才智超群的人广博豁达，只有点小聪明的人则乐于细察、斤斤计较。"他们活得不快乐，是因为他们活得太复杂，对人生太斤斤计较了。

在街头看到一对乞丐兄妹互相推让分享一只烂苹果的时候，你会感到属于你穷人的幸福。回过头来想想每天都有各式各样水果相伴的我们，甚至还在抱怨这种好吃那种不好吃，却永远也尝不到那只烂苹果的香甜，因为那是用爱用心灵体会出来的。无论在什么样的环境里，我们拥有一双发觉幸福的眼睛，幸福就无所不在。穷人的浪漫，简单的幸福。

早餐时的一碗清粥，清淡的小菜，与父母一起进餐也是一种幸福。想想非洲的难民，想想中国贫困地区温饱尚未解决的地方，能与家人粗茶淡饭的生活也是一种简单的幸福。

有个小孩对母亲说："妈妈你今天好漂亮。"母亲问："为什么？"小孩说："因为妈妈今天一天都没有生气。"原来要拥有漂亮很简单，只要不生气就可以了。

有个牧场主人，叫他的孩子每天在牧场上辛勤工作，朋友对他说："你不需要让孩子如此辛苦，农作物一样会长得很好的。"牧场主人回答说："我不是在培养农作物，我是在培养我的孩子。"原来，培养孩子很简单，让他吃点苦头就可以了。

有一支淘金队伍在沙漠中行走，大家都步伐沉重，痛苦不堪，只有一人快乐地走着，别人问："你为何如此惬意？"他笑着说："因为我带的东西最少。"原来快乐很简单，只要放弃多余的包袱就可以了。

生活其实很简单，在很多时候，是因为我们的思想偏颇或不对头，才把自己弄得手忙脚乱，头晕脑胀。

简简单单的生活，简简单单地去发觉点滴间存在的小小幸福。无碍则无欲，无欲则无求，无怒而无敌，无怨才是"道"，所有烦恼，都是太过斤斤计较的执着。

学会简单的生活，无欲无求地过好自己的每一天，就是幸福。简单，是最大的幸福！

16. 直言直语是把双刃剑

【原文】

夫大道不称，大辩不言，大仁不仁，大廉不谦，大勇不忮。

——《庄子·齐物论》

【译文】

真正的大道不必言说大家也都能领会，善于争辩就是沉默，最具仁爱的人不会有所偏爱，最廉洁的人是不讲谦让的，真正勇敢的人从来不伤害他人。

【处世哲学】

《庄子·齐物论》中说："圣人怀之，众人辩之以相示也。故曰：辩也者，有不见也。"意思是说，圣人把事物都囊括于胸、容藏于己，而一般人则争辩不休夸耀于外，所以说，大凡争辩，总因为有自己所看不见的一面。

所以，庄子认为，大声说话的人未必就有理，用激烈的言辞来伤害对方未必能说服人，真正的高手是在少说中给人震撼。话不在多而在于精，在于说的技巧。

宋太祖赵匡胤即位以后，手握重兵的两个节度使起兵反对朝廷，后来经过艰苦的斗争才平定下来。这件事给宋太祖很大警示，他找到宰相赵普商量削弱地方的兵权。过了几天，宋太祖在宫里举行宴会，石守信、王审琦等几位老将都来了。酒过三巡，大家开始无话不谈。宋太祖说："没有大家的帮助，我不会有今天的地位。但是你们可能想象不到，做皇帝也有许多苦衷啊，有时候还不如你们自在。说实话，我好久没有睡过安稳觉了。"

大家听了知道里面隐含着内情，就问其中的缘由。宋太祖仍旧不露声色："人们都说高处不胜寒，我站在很高的位置上已经感觉到寒意了。"石守信等人知道宋太祖担心有人篡夺他的皇位，非常惶恐，于是站起来跪倒在地上："现在天下已经安定了，没有人对陛下三心二意啊！"

宋太祖摇摇头说："你们和我南征北战，我自然信得过。但是如果你们的部下为了攫取高位，把黄袍披在你们身上，会出现什么情况呢？"石守信等人听到这里意识到大祸临头，连忙求饶："我们愚蠢，没有过多考虑，请陛下给指条明路吧。"接着，宋太祖让他们做地方官，添置足够的房产安度晚年，最终解除了他们的兵权。

宋太祖没有采取军事行动解除将帅手中的权力，而是在酒宴上与大家沟通，通过隐晦的方式表达出自己的意图，使大家知难而退，达到了预期的目的。这就是隐晦表达、难得糊涂的处世技巧。

学会隐晦表达，能使我们给对方留有回旋的余地，在人际交往中实现良好互动，有利于把事情办好。一些人说话做事过于直白，不仅态度粗暴，还容易把人逼进死胡同，怎么能搞好关系呢？

尽管古人一再提醒我们说："逢人只说七分话，不可全交一片心。"但喜欢"直言直语"的人也不少。"直言直语"是性格中一种很可爱、很值得大家珍惜的特质，也惟有这种"直言直语"的人，才能让是非得以分明，让正义邪恶得以分明，让美和丑得以分明，让人的优缺点得以分明。只是在现实社会里，"直言直语"却是有这种性格的人的致命伤，理由如下：喜欢"直言直语"的人说话时常只看到现象或问题，也常只考虑到自己的"不吐不快"，而不去考虑旁人的立场、观念、性格。他的话有可能是一派胡言，但也有可能鞭辟入里。一派胡言的"直言直语"对方明知，却又不好发作，只好闷在心里；鞭辟入里的"直言直语"因为直指核心，让当事人不得不激活自卫系统，若招架不住，恐怕就怀恨在心了。所以，直言直语不论是对人或事，都会让人受不了，于是人际关系就出现了阻碍，别人宁可离你远远的，免得一不小心就要承受你的直言直语；不能离你远远的，那就想办法把你赶得远远的，眼不见为净，耳不听为静。

喜欢直言直语的人一般都具有"正义倾向"的性格，言语的爆发力及杀伤力也很强，所以有时候这种人也会变成别人利用的对象，鼓动你去揭发某事的问题，去攻击某人的不公。

不管成效如何，这种人总要成为牺牲品：成效好，鼓动你的人坐享战果，你分享不到多少；成效不好，你必成为别人的眼中钉，是排名第一的报复对象。

所以，在现实社会里，直言直语是一把伤人又伤己的双面利刃，而不是劈荆斩棘的"开山刀"，有这种直言直语个性的人应深思，并且建立几个观念：

1. 对人方面，少直言指陈他人处事的不当，或纠正他人性格上的弱点。这不是"爱之深，责之切"，而是和他过不去。而且，你的直言直语也不会产生多少效用，因为每个人都有一个内心堡垒，"自我"便缩藏在里面。你的直言直语恰好把他的堡垒攻破，把他从堡垒里揪出来，他当然不会高兴。因此，能不讲就不要讲，要讲就迂回地讲，点到为止地讲，他如果不听，那是他的事。

2. 对事方面，少去批评其中的不当。事是人计划的、人做的，因此批评"事"也就批评了"人"，所谓"对事不对人"，这只是"障眼法"。除非你力量大、地位够，否则直言直语只会给自己带来麻烦！如果能改变事实，则这麻烦倒还值得；如果不能，还是闭上嘴巴吧！

3. 别指望和你一起工作的人都会站在你的立场考虑问题。认识到这一点，你会减少很多失望和挫折感。一定要谨慎选择那些你想信赖或想向其一吐为快的人。

4. 不要在背后议论别人长短。比较小气和好奇心重的人，聚在一起就难免说东家长西家短。你一定不要加入他们一伙，偶尔批评或调笑一些公司以外的人，倒无所谓，但对同事的弱点或私事，保持沉默才是聪明的做法。

人的一生难免会遇到很多对手，他们可能是威胁你顺利发展的大敌。天下最好的药，如不能对症。也不会有百分之百的效果。对人也是如此，如果不分青红皂白便指其谓君子或小人，则必被刀俎。要以彻悟人生之眼透视对方。或迎头一击，或温柔陪笑。

17. 开动你的智慧发动机

【原文】

注焉而不满，酌焉而不竭，而不知其所以来。此之谓葆光。

——《庄子·齐物论》

【译文】

无论注入多少东西，它都不会满溢，无论取出多少东西，它也不会枯竭，而且也不知这些东西源流自何处，这就叫做潜藏的光明。

【处世哲学】

智慧是个源源不断的聚宝盆。在你不启用时，永远不知道它的丰富，而一旦开启，却又用之不竭。尽管你不是无所不能的，但是，只要你对你有信心，你几乎是无所不能的。

美国著名的成功学家卡耐基在他的著作中曾经引用了英国政治家文斯顿·丘吉尔的一段话：

一个人绝对不可能在遇到危险时，背过身去试图逃避。若是这样做，只会使危险加倍。但是如果立刻面对它毫不退缩，危险便会减半。决不要逃避任何事物，决不！

俗话说，没有过不去的坎儿。一个人在发展的过程中，自然会遇到各种各样的困难，但这是必须相信自己的智慧，相信智慧的力量是无穷的！

但是，要做到这一点，必须还有一个前提，即我们必须先战胜我们认识上的局限。

人的认识，总有一定的局限，总会受到环境的制约，会受到人们已有观念的约束。所以，我们对自己的认识，其实是基于别人的认识，根据以往的经验，根据人类代代相传下来的所谓智慧。但是，别人的认识也好，以往的经验也好，都不一定是真理，也会有错误的时候。

例如，人们在谈到血统的时候，总是过多的强调所谓的"将门虎子"，所谓的"龙生龙，凤生凤，老鼠生来爱打洞"，但是，将门出犬子，龙生出王八、凤生出乌鸦的事情在我们的社会里还少吗？

　　所以，对于别人的认识，以往的经验，还有代代流传下来的智慧，正确的、有利于我们个人发展的，我们当然要吸收，而我们认为错误的、不利于我们自身发展的，我们完全可以置之不理。

　　毕竟，你的人生只属于你。只要你愿意，智慧的潜力便永远取之不竭，用之不尽。

　　如果你说，你可以抬起一辆轻型卡车，别人可能说你在吹牛。但看完下面的故事，他可能就会改变自己的观点：

　　一位农夫在自家的谷仓前注视着一辆轻型卡车快速地开过他的土地，他14岁的儿子正驾驶着这辆车，由于年纪太小，他还不够资格考驾驶执照，但是他从小就对汽车很着迷，而且似乎已经能够驾驶一辆汽车，因此农夫就允许他在自己的农场里开这辆客货两用车，但是不能开上外面的路。

　　突然，农夫眼看着汽车翻进水沟，他大吃一惊，急忙跑到了出事地点。他看到沟里有水，他的儿子被汽车压在底下，只有头露出了水面一点点。

　　这位农夫毫不犹豫地跳进水沟，把双手伸到了汽车下面，把车子抬了起来，高度足以使另一位跑来帮忙的工人把那毫无知觉的孩子从车子下面拽了出来；当地医生很快赶了过来，给孩子作了全面检查，幸好只有一点皮肉伤，只需作简单的治疗，其余均完好无损。

　　那位抬起卡车的农夫并不很高大，大约有170厘米的身高，70公斤体重。所以，别人都很惊讶，如此身体，竟然能有如此壮举！连农夫自己也觉得奇怪起来，刚才他跑过去的时候根本没有想一想自己是不是能够抬得动。出于好奇，他就再试了一次，结果根本就无法动得了那辆汽车。

　　一个人到了生死紧要的关头所爆发的力量是我们一般人不可想象的。上述例子中，农夫为救儿了，根本未考虑自己能否抬得动那辆卡车。而结果他却办到了，这只是一种亲情使然而已，并不是毫无根据的。俗话说，狗急了跳墙，人急了上房，正说明这个道理。

　　人的体能如此，其他方面的能力也是如此，如智能、宗教经验、情绪反应等等，都可以爆发出几乎不可思议的潜力。平时只是由于情境方面的限制，人在一般状态下只能发挥其很小一部分的潜在能量。

　　这也就是说，我们每个人身上都有巨大的潜在能量未被开发出来。据资料说，普通人只开发了他蕴藏能力的十分之一，与我们应当获得的成就相比较，我们的大脑智慧几乎是处于一种半梦半醒之间，我们只利用了我们身心的很小一部分。人的大脑贮存的能量大得惊人，人们在平常的工作学习中只发挥了极小的大脑功能。要是人类能够发挥自己大脑功能的一半，可以轻而易举地学会40种语言，背诵整个百科全书，获得12个博士学位。

　　这就是你自己的真实资料，是你自己的有关数据。可以说，在合理的范围内，只要你有信心，你几乎是无所不能的。

　　关于这一点，我们看一看出身贫困的韩国现代集团的老总郑周永早年的奋斗史就可以窥知一二。

　　在韩国、大垄断财团是其经济成功的支柱。在这些大财团，现代企业集团的实力首屈一指，它拥有1000多亿美元的资产，涉足汽车、轮船、机械制造以及半导体和电子产品等领域，1999年其产值约占韩国国内生产总值的20%，年销售额超过600亿美元，在韩国的经济发展中具有举足轻重的地位。

　　现代企业集团的发展被视为韩国经济腾飞的缩影，郑周永则是现代企业集团的缔造者和事业腾飞的掌舵人。从一个农民的儿子和一个一无所有的小学徒，到后来叱咤风云的企业巨子，郑周永被人称为"速成财阀"，他本人所拥有的资产据估算已达 65 亿美元。尽管郑周永参加 1992 年的韩国总统竞选没能如愿，但在韩国民众的心目中，他是名副其实的"财界总统"。

而谁能想到，就是这样一位"财界总统"，早年连饭也吃不饱。

1915 年 11 月 25 日，郑周永出生在韩国一个叫牙山的偏僻农村，时距日本吞并朝鲜仅 5 年。牙山村位于通川地区，地处东海岸南北朝鲜分界线以北约 30 公里。郑周永家世代务农，家境极为贫寒。郑周永兄妹八人，他排行老大。在他童年的记忆里，一家人除农忙时能吃上几顿干饭外，其余时间几乎每天都以稀粥度日。从他 10 岁那年起，父亲每天凌晨 4 点就叫醒他，带着他赶 15 里的夜路下地去干活。

在郑周永的眼里，父亲是一个模范农民，没有哪一个农民比他干活更卖力，无论严冬还是酷暑，他永不停息，然而尽管历尽辛苦，还是无法维持生计。郑周永同情父亲，敬重父亲，却不愿走父亲的老路。与命运抗争，出路只有一条，就是走出贫穷的山村，到繁华的大城市去，闯荡出一片新天地。郑周永在心里说："我要进城，我们的经济状况太差了，几乎连肚子都填不饱。早晨很晚我们才吃点燕麦粥，中午空着肚皮，到晚上才喝点豆粥，然后就上床睡觉：我决定要去一个吃饱饭的地方。"

1930 年，15 岁的郑周永小学毕业，因家境贫寒，他被迫辍学。为了改变自己的命运，他先后两次离家出走，但都被父亲找了回来。1934 年，郑周永 19 岁。那一年，全世界都处于萧条之中，郑周永家乡的日子更加艰难，除了日本人的殖民掠夺外，罕见的旱灾使得田里颗粒无收，许多人为饥荒而患了浮肿病。呆在家里无异等死，郑周永再次提出离家出走时，父亲也不能不同意了。

郑周永先到了仁川港，干了一阵子搬运工，然后又来到汉城，在普成专科学校图书馆的工地上干泥水活，再到石油设备厂当学徒工，学到的活计就是把几根铁管捆在一起。几经周折后，他终于找到了一份还算像样的工作，在一家名叫福兴商会的粮米购销行为客户送粮，得到的年薪可买 18 袋米。他的父亲终于承认，在城里干活确实比在农村种地好。

郑周永自幼相信"人无信不立"的儒家信条，他的座右铭是："信誉就是财产，有信誉就有一切。"正是靠着诚实守信，他不仅得到了店主的信任，而且和客户也建立了良好的关系。在两年多的时间里，他靠辛勤劳动换得了不菲的收人，也初步了解了经商之道。

偶然的机遇有时会成为一个人一生的转折点。两年后，那家粮店的店主去世，店主的儿子是一个与郑周永年龄相仿的年轻人，吃喝玩乐样样在行，但对经商却一窍不通，他也无意接过父亲的老本行，福兴商会眼看就要倒闭关门了。机遇在向郑周永招手，他果断地掏出自己的积蓄，盘下了那家粮店，并在店前换上自己的店牌——京一商社。利用自己在客户中建立起来的良好信誉，他继续从事粮食买卖。在此后的 3 年里，郑周永迎来了他经营生涯中的第一个黄金时期，效益颇佳，他的父母和弟妹也被接到了汉城。

从此，郑周永开始了其在韩国经济上迅速发展的奋斗历史。

一位哲人说过："我们对自己所有的信心，会产生于我们对别人的信心。"

所以，无论你是出身寒门，还是出身豪门，只要你相信智慧的力量，相信只要通过努力就可以成功，那么，你就可以获得成功！

18. 不要庸人自扰

【原文】

是不是，然不然。是若果是也，则是之异乎不是也亦无辩；然若果然也，则然之异乎不然也亦无辩。忘年忘义，振于无竟，故寓诸无竟。

——《庄子·齐物论》

【译文】

对的也就像是不对的，正确的也就像是不正确的。对的假如果真是对的，那么对的不同于不对的，这就不须去争辩；正确的假如果真是正确的，那么正确的不同于不正确的，这也不须去争辩。忘掉死生，忘掉是非，到达无穷无尽的境界，因此圣人总把自己寄托于无穷无尽的境域之中。

【处世哲学】

庄子认为，世间的事物，对的就是对的，错的就是错的，个人无须钻牛角尖，自寻烦恼。忘掉死生，忘掉是非，忘掉一切的不快和烦恼，到达无穷无尽的自由境界，这样，才算是真正的逍遥。庄子为什么这么说呢？因为烦恼会使一个人闷闷不乐，心神不定，从而不能以良好的状态投入工作，也就很难成功。每个人都有七情六欲和喜怒哀乐，烦恼也是人之常情，是人人避免不了的。但是，由于每个人对待烦恼的态度不同，所以烦恼对人的影响也不同，通常人们所说的乐天派与多愁善感型就有明显的区别。乐天派的人一般很少或善于淡化烦恼，所以活得轻松，活得潇洒；而多愁善感的人一旦有了烦恼，忧愁万千，牵肠挂肚，离不开，扔不掉，活得有些窝囊。

其实，人生的大多数烦恼都是自找的，本来就没有烦恼，或者说原本就不是烦恼。例如，当了几年处长之后就想当局长，结果提了一个资历比自己差很多的人上去了，你肯定不高兴，其实你所处的位置不知有多少人羡慕着，再说局长有局长的烦恼，而且局长的烦恼未必少。还有的人为钱而烦恼，有了一万想两万，有了两万想三万，……还是烦恼，可惜你除了想过有钱多的得意，有没有想到有钱多的烦恼，钱少的或许没有钱多的那么神气，但钱少的也没有钱多的那么多担忧，平民小户没有大富人家对盗贼绑架的担心，恐怕也少有为争夺家产使兄弟反目，甚至相残的悲哀。

自寻烦恼的确不是一件好事。那么，我们为什么又往往自寻烦恼呢？美国心理治疗专家比尔·利特尔经过研究认为：一个人若有以下心理或做法，必定会促使其自寻烦恼、无事生非。

1. 把责任统统算到自己头上。如果你把别人的问题揽到自己身上而自怨自艾，把某些人不喜欢你的责任也统统归因于自己，那么要不了多久，你就会烦恼成疾。

2. 做黄粱梦。最可怜的人是那些惯于抱有不切实际的希望的人。如果一个人把自己的目标制定得高不可攀，他就会因不能实现目标而烦恼。

3. 一味地盯着消极面，对任何事情都不从积极的角度考虑。牢牢记住你有多少次受到不公正的待遇，或者记着有多少次别人对你说话的态度不友善。如果你把注意力集中在那些不好的、吃亏的事情上，你就会因为这种消极的思想方法来自己制造烦恼。

4. 不合群。绝不去赞扬别人，确实做到不使用任何鼓励之辞六七次，喋喋不休地批评、埋怨、小题大作。

5. 任由事情变得更糟。当问题第一次出现时就正视它，它就很容易解决。反之，如果让问题像滚雪球一样不断地扩大下去，最后滚雪球的人总是遵照一条简单的规则行事："如果错过了解决问题的时机，索性再往后拖拖。"这样，只会使问题变得更糟，必定会导致你的愤怒和苦恼个月甚至几年。

6. 自认为自己的地位低下。母亲过度地承担家务劳动，然后对自己说："没有一个人真正心疼我，对我们家来说，我不过是个仆人而已。"当父亲的也能采取同样的方法："我的骨架都累散了，谁也不把我当回事，大家都在利用我。"经常这样想，必定会使你烦恼异常，而且还能使周围的人感到厌烦，令你的感觉变得更糟。

7. 把其他人都看得一钱不值。首先嫌弃自己，一旦贬低了自己的价值，接下来就会觉得其他人也同样浅薄，于是对他们不屑一顾，使自己变得众叛亲离。不论你是高官还是平民，不论你是富豪还是穷人，不论你是社会名流还是无名之辈，恐怕谁也不能保证自己一生没有烦恼。即使你不自找烦恼，但还是少不了烦恼，因为人是现实的，不是超凡脱俗的圣人，既然这样，我们就不要再自寻烦恼了，而是要学会善于淡化烦恼，化解烦恼，那么，如何才能淡化和化解烦恼呢？你可以试试以下方法：

（1）辩证地看问题。比如发生了重大的车祸，死伤多人，皆为不幸。未伤者受惊，轻伤者轻痛，重伤者重痛，死亡者惨痛，由前往后比，虽是不幸，但又是大幸，从后往前比，则是不幸中的大幸。在 NBA 的世界里，如果人人非要跟乔丹比较，那真的是很不现实的事情。很多人只能望其项背，所以只能以他为最高，做最真实的自己，否则，那肯定是件极度烦恼的事。

（2）时间是治疗痛苦的良药。遇到烦恼之事，倘若你主动从时间的角度来考虑一下，心中对此烦恼之事的感受程度可能就会大大减轻。受了上级的当众批评，面子很过不去，心里难以承受，不妨试想一下，三天后，一星期后甚至一个月后，谁还会把这件事当回事？忌忧，找乐，这是现代人的忧乐观。生活中本来恼人的事就不少，假如你再庸人自扰，不是活得更累吗？古语说："天下本无事，庸人自扰之。"法国思想家卢梭说："我们的悲伤，我们的忧虑和我们的痛苦，都是由我们自己引起的"。人家"下海"，我下不了，忧心忡忡，钱挣不到，本职工作也荒废成绩好，你的孩子贪玩，也整天吵吵闹闹，连逼带打，更有甚；年轻时为自己不成熟而忧郁，年长了，为头上多了一根白发、一条皱纹而郁郁寡欢，大有迟暮之感。其实，这些都属于应该注意，却不值得忧心如焚的事情。关键还是要自我调节，实在想不开，就从养生之道去考虑，经常忧郁容易早衰。

烦恼就像天空中的一片乌云，如果你的心中是一片晴空，那么烦恼不会对你有丝毫的影响。所以，你可以寻找甜蜜的爱情，你可以寻找美好的生活，但你决不可以自寻烦恼。

19. 做人不可过于贪婪

【原文】

吾生也有涯，而知也无涯。以有涯随无涯，殆已；已而为知者，殆而已矣！

——《庄子·养生主》

【译文】

人的生命是有限的，而知识是无穷的，以有限的生命去追求无穷的知识，就会搞得精疲力竭，既然如此，还去追求知识的人，就只能弄得疲困了。

【处世哲学】

从小就学庄子的一句话："吾生也有涯，而知也无涯。"老师也总是教导我们："人的生命是有限的，而知识是无限的。所以你们一定要好好读书。"那时候以为庄子在勉励大家"学海无涯苦作舟"。可庄子接着说了："以有涯随无涯，殆矣。"意思是说以有限的生命去追求无穷的知识，就会搞得精疲力竭。很多人年轻的时候，总是用前半句来激励自己，让自己在茫茫大海中以桨划行而不知畏惧，平添一股蛮劲。慢慢才悟出，原来这真理还在后半句。看来，庄子在勉励好好读书的同时，隐含了另外的深意。

"吾生也有涯，而知也无涯。"所以，我们要多读书。

然而，人的精力是有限的，学习上总该有所选择，有所侧重，不能什么都想学，太含婪往往让自己得不偿失。"以有涯随无涯，殆已。"庄子的话，不是反对读书，也不是反对求知，而是告诉人们一个道理，即书富如海，知识与智慧是无止无尽的，我们无法穷尽，最多也就能掌握其冰山一角。而人的精力有限，所以读书要善于选择，要明确该学什么，不该学什么，该先学什么，后学什么。如果什么都想学，什么都想涉猎，那么到最后只会搞得自己筋疲力尽。

有一个商人布置书房。书房很大，三面都是书架，书架上全都摆满了书。知道的明白这是书房，不知道的还以为是书店。据说这些书花了五六万，还是打四、五折买的。

他的朋友见了都说："这些书可够你这辈子读了！"

书房主人指着墙上装裱得相当精致的一幅字读道"吾生也有涯，而知也无涯'——知识的海洋是无边无际的啊，如果有可能，我还得买更多的书来读！"

书房主人的精神可嘉。只是不知道他整天在商场官场奔忙，这一宏伟的读书工程是否能得到实施？

也许他不一定非得把这些书真的全读了。只要他能够随手从书架上的诸子百家中抽出一本，而刚好抽到了《庄子》，又刚好看到了庄子所说的这句话的全文，终于明白了这话的真正意思——那他一屋子书也算是值了。

有时候我们有点贪了，人心不足蛇吞象，想想蛇吞象的样子，会是一种什么感受——咽不进，吐不出，要多别扭有多别扭。有一篇报道说：有一位销售经理，不到 50 岁，却猝死在去与客户谈判的路上。医生检查的结果是亚健康。亚健康是怎么出现的？按庄子的说法应该是"以有涯随无涯"，也就是以有限的精力去做没完没了的事情，结果是"殆已"，也就是精疲力竭。

所以，我们不能太贪，知识无穷、智慧无穷，财富无穷。不能苛求自己要穷其所有，要学会合理地安排自己的人生之路。如果什么都想学，什么都想要，就会使自己的才智过早地耗尽，当你需要发力的时候，自己却没有力气了，那样就会连自己的健康的身体都保不住，更不要说成功了。

庄子同时认为，生命有限而知识无际。所以面对浩瀚的知识，处于知识激增的今天，我们每个人都要独立思考。如果一切都是别人给你现成的答案，久而久之，我们就会慢慢地养成思维懒惰的习惯。对于书本知识，他人的经验，不可囫囵吞枣，不可全盘吸收，不可生搬硬套。否则，就会把自己淹没在知识的海洋里，那知识就不是知识，而是垃圾了。

庄子不主张拼命地学，无休止地学，因为这样会摧毁人的健康。一肚子学问，大笔的财富，让人仰慕的地位，到头来却精疲力竭，未老先衰，那这些对我们又有什么用呢？大概我们从小都是在一种"积极"的思想中"茁壮"成长起来的，所有的人都说："要努力，要上进"，"有志者事竟成"，"只有想不到，没有做不到"，"付出就会有收获"。

我们为金钱、地位拼命奋斗，在"笑贫不笑娼"的背影下，没有人会说，人活着就是为了吃饭睡觉，只要快活就好。于是可以放下心中的重负，休息一下的人越来越少，这些人生的基本要求，对我们很多人来说也是奢侈而遥不可及的。

20. 自然而然是长生之本

【原文】

为善无近名，为恶无近刑。缘督以为经，可以保身，可以全生，可以养亲，可以尽年。

——《庄子·养生主》

【译文】

养生的人不做好事去追求名声，也不做坏事而触犯刑律，顺着自然规律去做，就可以保护生命，保全天性，可以养护精神，享尽天年。

【处世哲学】

郭沫若对这段话的解释为：外象美不要贪名声，外象丑不要拘形迹，守中以为常，那就可以平安长寿了。

这就是中国人常说的中庸之道。一个人的行为若是很坏，受到社会惩罚，显然不是全生的方法。但是一个人的行为若是太好，获得美名，这也不是全生的方法。自然一体，低调做人，人的精神和形体也就能得到最好的养护，也就能长命百岁。

庄子这一段话对中庸之道做了最好的诠释，但崇尚中庸的国人对这句话并不认同，我们历代的教育家说不出口，认为它非常消极，也很逃避，是不负责任的表现。

我们从字面上理解这句话："为善无近名"，做善事应该的，做到了没得名气可捞，别人不晓得你在做善事；"为恶无近刑"，每一个人内在的私生活上总有不对的地方，但是做坏事不会达到犯法的边缘，不会达到失败到极点的边缘。就是说善恶之间恰到好处，你说这人好吗？好不到哪里去，坏吗？也不坏。这两句话表面上看起来是这样。所以有人研究了《庄子》，认为道家都是逃避的、消极的。

不过，只要我们深入分析一下，就会发现实际上不是这样，庄子的本意并非如此。

"为善无近名"是什么意思呢？我们可以理解为"做好事不是去追求名声"，这里省略了两个字，本意应该是不故意做好事去追求名声，也就是不为名声而故意去做好事，这样才能安心，心平则气和。为了做好人而做好事，为了让人家去表扬，为了让人家叫我们好人，看到我们做了善事，那就不算善事了。

比如，有很多人捐款救助别人而不留下姓名，不企求任何汇报，这就是"为善无近名"。

从这里我们可以看出，庄子"为善无近名"实际上是说抛开功利心，自然而然地去做善事，这样心灵才能得到升华，才能"养护精神，享尽天年。"

《聊斋志异》第一篇故事叫《考城隍》。故事梗概为：

一个名叫宋焘的秀才，在梦中参加冥府题为"一人二人，有心无心"的考试。宋焘在应试八股文中提出"有心为善，虽善不赏。无心为恶，虽恶不罚"，就是说一个人有心地去做好事，表现给别人看，或表现给鬼神看，虽然是好事，也没有什么值得奖励的。

又例如有一把刀不好用了，随手丢掉，而不幸伤了人，实在没有存心要伤害他，那么虽然是一件坏事，也不该处罚，这与现代法律制度中的"过失犯罪"或"正当防卫"有些类似。宋焘的观点备受考官们的称赞，认为其才很适合做河南一个地方的城隍，于是当即任命。

宋焘称家有老母亲无人照料赴任有困难云云，考官们当场从生死簿册上查得宋母尚有九年阳寿。主考官说，考虑到你的一片孝心，那就准你九年假期让你侍奉母亲，九年后你即当赴任。九年届时宋母寿终，宋焘在安葬母亲后即履约赴任。

这个故事说明"为善为恶，顺人性，和天理"的道理。

庄子主张："为善无近名，为恶无近刑"是讲做好事不要奢求马上受到称赞，做坏事不要触及到刑法，但我们切不可因为做好事没马上受到称赞而不做；做一点坏事而没触及到刑法就去做。因为做好事的早晚会受到别人的赞赏，而做坏事的人终究要受到惩罚，所以我们做人要处处行善，即便小德都不能违反。

如果我们为庄子的这段话作一个总结，那就是：不要故意行善，更不要为名或利行善；大错莫犯，小错要慎，最好别犯。小的迷惑，使人迷失东西南北，大的迷惑叫人失去天然性情。真正的聪明，不要过分，安于自然常态，不可画蛇添足。顺着自然规律去做，就可以养护精神，保护自己不受伤害，善始善终，得以安享天年。

总之一句话，顺应自然，才是真正的大道。

这里又出现一个问题，什么是自然呢？小学里头有一门课程，叫《自然》。小的时候，心中的"自然"是花啊，草啊，山啊，是我们看得见的这个世界。

这个世界是很窄的，而且在每个人的心中，这个世界又是如此的不同。如果我们把每个人心中的"自然"都集合起来，就可以这样定义自然：自，自己也；自己者，我也。我，不仅是某一个人，也是某一物。任一世间的存在都是他（它）自己的"我"，统称"自我"。草、木、山、石、水、牛、羊、机器、房屋、白云、星斗、声音，都是自我。自我就是原本，本来，然，样子。所以，自然就是一人一物一事的自身本来的样子。然：一切都是自然的，人也是自然的一分子，人也是自然，不增加什么，也不减少什么，就是自然。加或减都是损害自然。

人之所以有惊恐、疑惧、喜悦、苦恼、忧伤、快乐，是因为人向来有改变世界的冲动，人也就注定背起苦难去追求幸福。但实际上，人的本来样子却是另外一个样子的。

有一个故事是这样的：在大森林里，有两个盗贼放下赃物，准备分赃，却碰到了老虎，立即惊恐不已，一个拔腿就跑，并爬到一棵树上躲了起来。另一个吓软了腿，跑不动，就被老虎一脚踏翻吃了。同样，幼儿觉得大森林里一切都新奇，有趣极了，便来到森林。这时老虎来了，老虎望望孩子，以为他会躲开；孩子望望老虎，这是个什么东西呢，皮毛那么好看？老虎打量着幼儿，幼儿看着老虎．老虎在诧异，幼儿向老虎走去；老虎想逃走，幼儿想和老虎玩耍。老虎觉得这孩子那么小，便壮着胆子和幼儿玩，幼儿摸老虎的胡须，扯扯老虎的尾巴。老虎终于没有耐心，被幼儿的自然镇静吓得灰溜溜地跑了。

由这个故事可以看出，在自然状态中，人们自由自在，人，呈现出天然本质；物，也呈现出天然本性。人，假如能常守自然本性，便能外在态度安详，内在精神平静，有一种天德，也就成了生命自然的宠儿。于是，人敬人爱，外物也不伤不害。

应当明白：行事，只能行可行之事；辩论，只能辩可辩之理，智慧，就是在于发现不可勉强进入的地方，叫人止步。

为什么这么说呢？因为人从天地而来，人本该秉从天地的禀性，自然而然地来到这个世界，又自然而然地长成，自然而然地求衣食，又自然而然地离开这个世界，回到天地的怀抱。一切的一切，都是自然而然的，过犹不及。

人与世上的其他任何事物一样，是自然的一部分，是能活动的泥土。不过人是有智慧的，人不过是能创造奇迹的泥土。

我们从天地而来，我们又回归天地老家，但我们传达了天地的神奇，宣泄了天地的奥秘。那就是我们的生命，那就是我们的生命创造，或者，那就是我们生命的意义。

所以，同为道家学派的老子以神悟天慧的心与口说："道大，天大，地大，王亦大。域中有四大，而王居其一焉。人法地，地法天，天法道，道法自然。"（《老子·象元第二十五》）老子这话的意思就是，人若保持先天而来的那种同于天地自然德性，那人就和天地一样泰然自若，又像天地一样宽宏伟大，这样的人就可称"王"了。当然，这个王不是帝王的那种王，不是帝王中那种杀伐、霸道、强横的赫赫威势，而是犹如同天地的那种自然造化之功，宽宏和顺之德。当然有此功德者，这些帝王也就是名副其实的王了。

在生活和工作中，有的人一味迎合他人，强装笑脸，自己屈心抑志，憋得慌，在一旁观看的人，也觉得难受得很。有的人故作高傲，完全按自己的主意行事，与人交往时合则留，不合则去，比自己强的人不接近，比自己差的人不迁就，自己的心灵也很寂寞，也感到压抑。那里赶得上自然地与人相处：比自己差的人，也谦虚地和他相处；把功利放在一边，把评价放在一边，何况功利与评价并不是一成不变的呢！自然地与人相处，别人舒服，自己也舒服，这样多好！

如果你能谨记庄子的教诲，修心养性，谨守规律，祸患仍不可避免，那就是天道的必然了。运去金成铁，时来铁是金。时来天地皆同力，运去乾坤不自由。如此，那不是人为的过错。轻举妄动的人，没有不出偏差的。追求品行善良的人，决不会张扬名声，夸夸其谈。光明正大，无愧于心，才会半夜敲门不惊。

21. 不以物喜，不以己悲

【原文】

安时而处顺，哀乐不能入也，古者谓是帝之县解。

——《庄子·养生主》

【译文】

安于天理和常分，顺从自然和变化，哀伤和欢乐便都不能进入心怀，古时候人们称这样做就叫做自然的解脱，好像解除倒悬之苦似的。

【处世哲学】

我们所处的世界——车水马龙、霓虹闪烁、香车美女、别墅洋楼、鱼翅燕窝、鲍鱼熊掌……在这样一个充满诱惑的时代，面对这一切，人们便不由自主地浮躁起来。似乎我们什么都想得到，似乎这些在我们心中是最美的。但我们的心灵呢？我们应该让它安静下来，还它美丽。

我们不妨来看看下面这个故事。三伏天，禅院的草地枯黄了一大片。"快撒些草籽吧，好难看啊！"徒弟说。"等天凉了，"师傅挥挥手，"随时。"

中秋，师傅买了一大包草籽，叫徒弟去播种。秋风突起，草籽飘舞，"不好，许多草籽被吹飞了。"小和尚喊。"没关系，吹去者多半中空，落下来也不会发芽，"师傅说，"随性。"

撒完草籽，几只小鸟即来啄食，小和尚又急了。"没关系，草籽本来就多准备了，吃不完，"师傅继续翻着经书，"随遇。"

半夜一场大雨，徒弟冲进禅房："这下完了，草籽被冲走了，冲到哪儿，就在哪儿发芽。"

师傅正在打坐，眼皮抬都没抬，"随缘。"

半个多月过去了，光秃秃的禅院长出青苗，一些未播种的院角也泛出绿意，徒弟高兴得直拍手。师傅站在禅房前，点点头："随喜。"

在这个故事中，徒弟的心态是浮躁的，常常为事物的表面所左右，而师傅的平常心看似随意，其实却是洞察了世间玄机后的豁然开朗。其实，能够影响我们的不是事物本身，而是我们对待事物的态度。

我们对待事物的正确态度应该是：平和沉静，脚踏实地；不以物喜，不以己悲。范仲淹在《岳阳楼记》中写道："不以物喜，不以己悲；居庙堂之高则忧其民，处江湖之远则忧其君。是进亦忧，退亦忧。然则何时而乐耶？其必曰，'先天下之忧而忧，后天下之乐而乐'欤！""先天下之忧而忧，后天下之乐而乐"已成历代仁人志士崇高忧乐观的精辟概括。而"不以物喜，不以己悲"这一句，在忧喜这对矛盾关系的处理上，也可以达到顺其自然"难得糊涂"的境界。

范仲淹记岳阳楼，一为重修岳阳楼，更为劝老朋友滕子京。滕子京当年作为改革派人物受诬被贬到岳州，心中愤愤不平。范仲淹便借记岳阳楼，而把规劝之言和自己的处世态度自然艺术地表达出来。所谓"不以物喜，不以己悲"，就是说人的忧喜情绪不因客观景物美好而高兴，也不因个人境遇不佳而忧伤，顺其自然，豁然，超然。

一般人难以做到"不以物喜，不以己悲"。因为人毕竟是有情有欲、不可能受客观外界干扰而无动于衷，也不可能因受到不公正的待遇而麻木不仁。只是要在客观外界向自己压迫而来时，能够坦然以对，洒脱些，想开点，看远点。

"不以物喜，不以己悲"，不是随心所欲，跟着感觉走，要怎样就怎样，无拘无束无节制，而是要懂得掌握一个"度"。凡事都要有个限度和分寸，过了那个限度和分寸就会走向另一个极端。

追求自由人性和放纵自我之间只是一步之隔，一念之差。忧忿过度会导致对现实不满，进而伤害他人，损害社会公德；乐极生悲，无限制地"享受生活"，就会堕落；就算不会堕落，也不利于养生，过忧过喜都有害于人的身心健康。

忧也好，喜也罢，有时在客观环境不变，或变化比较小的情况下就得靠主观调节，努力减少忧虑，多寻找一点快乐。把目光放远些，不要为眼前的境遇所困扰所压倒，不要被蝇头小利所诱惑，所腐蚀，做一股"浅浅水"，让它"长长流，来无尽，去无休"。

人生短暂，与浩瀚的历史长河相比，世间的一切恩恩怨怨、功名利禄皆为短暂的一瞬。福兮祸之所伏，祸兮福之所倚，大可不必太在意人生历程的潮涨潮落。不以物喜，不以己悲，只要悟透了其中的道理，便会豁然开朗。

22. 拥有乐观心态

【原文】

指穷于为薪，火传也，不知其尽也。

——《庄子·养生主》

【译文】

烛薪的燃烧是有穷尽的，而火的传递却是没有穷尽的时候。

【处世哲学】

只盯着将要燃尽的烛薪者，是悲观主义；从星星之火可以窥出燎原之势者，是乐观主义。

人生最重要的不只是运用你所拥有的，任何人都会这样做。真正重要的是如何从已有的损失中获利。这才能充分显示一个人的智慧。

芝加哥大学的罗伯特·哈金思校长，曾这样教导人们面对人生的挫折，他说："如果你手中只有一个酸柠檬，那就做杯柠檬汁吧！"

这是一名伟大教育家的做法，然而生活中，大多数人的做法却正好相反。

如果人们发现命运送给他的只是一个酸酸的柠檬，他会开始自暴自弃，并说："我完了！我的命怎么这么不好！上帝也太不公平了。"于是他开始玩世不恭，并且陷于无尽的自怜之中。要是一个聪明人得到了一个柠檬，他会说："我可以从这次不幸中学到什么？如何才能改善我目前的处境？怎样把这个柠檬做成一杯甜甜的柠檬汁呢？"

一生致力于研究人类内在潜能的伟大心理学家阿德莱，曾经宣称他发现了人类最不可思议的一种巨大的潜能。他肯定地说："人具有一种反败为胜的力量。"

有这样一个例子，一位叫塞尔玛的女子陪伴丈夫驻扎在加州沙漠的陆军基地。塞尔玛的丈夫奉命出外参加演习时，她就只好一个人呆在陆军的小铁皮房子里。

外面的天气实在太热了，树荫下的温度也高达华氏 125 度。可恶的是，没有一个人可以和她聊天，只有满天的风沙，所有吃的、用的东西都沾满了沙，就连呼吸都让人觉得困难！

塞尔玛难过到了极点，觉得自己非常可怜，于是她写信给她的父母，说她一分钟也不能再忍受下去了，她宁愿去坐牢也不愿待在这个鬼地方。她父亲的回信只有一句话，但这句话却永远留在她心中，并改变了她的一生：

两个人从牢里的铁窗望出去，一人看到的是满地的泥泞，另一个人却看到满天的繁星。

她不断地看这封信，待她终于明白了什么，不禁非常惭愧。她决定找出自己目前处境的有利之处，她要找寻自己的满天的繁星。

塞尔玛从此开始热心地与当地居民交朋友，而他们的反应也令她十分感动。她对当地居民的编织与陶艺表现出浓厚的兴趣时，这些居民就把自己最喜欢的甚至都不愿卖给游客的纺织品陶器送给她。她开始研究令人着迷的仙人掌及当地各种沙漠植物。她试着学习土拨鼠的知识，或观看沙漠的日落，找寻几百万年前的贝壳化石，原来这片沙漠在 300 万年前曾是浩瀚的海洋。

那么，你不禁要问，究竟是什么使塞尔玛的内心发生这些惊人的改变呢？你可以看出沙漠并没有发生改变，改变的只是她自己。因为她的态度改变了，正是这种改变使她有了一段精彩的人生经历。她所发现的新天地令她觉得既刺激又兴奋，使她把原先认为恶劣的环境变成了一次有意义的冒险。后来她着手写一本小说，讲述她如何逃出自筑的牢狱，找到了美丽的星辰。

这就是积极心态的力量。乐观的人生态度，总能使人把不幸化为一种机会。

　　哈里·爱默生·佛斯狄克曾语重心长地说："真正的快乐不一定是愉悦的，它多半是一种思想上的胜利。"没错，快乐源自一种成就感，一种自我超越的胜利，一种将酸柠檬榨成柠檬汁的经历。

　　有一位住在佛罗里达州的快乐农场主，他曾创造了一个商业上的奇迹。在他当初买下那块农场时，那里土地贫瘠，各种果树都不适合种植，甚至连养猪也不适宜。除了一些矮灌木与响尾蛇，什么都难以生存，他几乎看不出这块土地还有什么用途。因此一开始，他的心情十分低落。

　　后来他想到个好主意，他决定再投资，开发利用这些响尾蛇资源。于是他不顾大家的反对，他开始把响尾蛇肉加工成罐头。而且，旅游资源也成了他的又一生财之道，每年有平均2万名游客到他的响尾蛇农庄来参观。游客到这里目睹毒液被抽出后送往实验室制作血清，蛇皮被他高价售给制鞋工厂生产女鞋与皮包，蛇肉罐头则运往世界各地。连当地邮戳都盖着"佛罗里达州响尾蛇村"，可见当地人都以这位把毒柠檬做成甜柠檬汁的农场主为荣。

　　文章篇首的一段话就是由已故著名作家威廉·波利梭写的，它曾激励了许多人。写这段话时的波利梭，已在一次事故中丧失了一条腿。还有一位因事故而丧失双腿的人，他也能变不利为有利。

　　这个出事时才24岁的年轻人，从此便被宣判以后的人生要在轮椅上度过！他说他当时十分愤怒，怨恨命运对自己如此无情的捉弄。但是后来，他明白发怒或生气对自己毫无益处，只能使自己变得更卑微无能。"我终于醒悟，"他说："别人都友善礼貌地对待我，我至少也应该友善地对待别人。"

　　那么他后来是否仍觉得那次事件是他人生的不幸呢？他说："不！我简直庆幸它的发生。"他说，经过了那个震惊与愤恨的时期，他开始学习在一个全新的世界中生活。他开始阅读大量文学作品并在尝试文学创作。14年来，他说他至少读了1400本书籍，这些书拓展了他的视野，他的人生比以前所能想像的丰富得多。他开始喜欢欣赏音乐，现在令他感动的交响乐以前只会让他昏昏入睡。然而，真正最重大的改变，还是他学会了真正的思考。"我一生中第一次真正用心看世界，并体会其价值。我终于领悟到以前努力追求的很多事，大部分一点价值也没有。"

通过阅读，他开始对政治学感兴趣，并研究行政问题，他常常坐在轮椅上发表演说！他开始了解人们，而人们也开始认识他。后来坐在轮椅上的他，还当上了佐治亚州政府的秘书长。

生活中不少人都有一个很大的缺憾，就是没有机会接受高等教育。他们自己也认为没进大学是一种缺陷。然而许多成功人士也都没上过大学，并没有他们自己想象的那么严重。下面是一个失学者，经过自己的奋斗，终于成功的故事。

他有一个非常贫困的童年。父亲死后，家里更加拮据。他的母亲在一家制伞工厂上班，每天工作十多个小时，往往到晚上很晚才能结束。

在这种环境下长大的他充满了压抑与不安，然而有一次他参加了教会的文艺表演，觉得表演非常过瘾，开是就开始训练提高自己表演与演说的能力。后来他因自己出色的演讲才能而进人了政界。30岁时，他当选为纽约州议员。说实话对接受这样的重大角色，他自己坦言他其实还没有在各方面准备妥当。事实上他还搞不清楚州议员究竟应该做些什么，于是他开始研读冗长的法案，可这些法案对他来说，简直就跟天书一样。接着他被选为森林委员会委员，但是他并不了解森林，所以他非常害怕被识破。后来他又被选人银行委员会，可是他连银行账户都搞不懂，因此他十分茫然。他说，如果不是耻于向母亲承认自己的挫折感，他可能早就辞职不干了。巨大的压力下，他决定一天研读 16 个小时，把自己无知的酸柠檬，作成知识的甜柠檬汁。结果，他由一位地方政治人物跻身为全国性的政治人物，连《纽约时报》都尊称他是"纽约市最受欢迎的市民"。

这个传奇性的人物就是艾尔·史密斯。在他深人自学 10 年后，他几乎成为纽约州政府的活字典。他曾连任四届纽约州长——这在当时是前无古人的纪录。1928 年，他当选为民主党总统候选人。包括哥伦比亚大学及哈佛大学在内的六所著名大学，都争着给这位曾年少失学的人颁授荣誉学位。

艾尔说，如果不是他一天勤读 16 小时，和他那种不甘失败，渴望胜利的力量在支撑着他，所有这些事根本就不会发生。

哲学家尼采对超人的定义是"不仅忍人所不能忍，而且乐于进行这种挑战"。

事实上，成功人物之所以成功，大部分是因为某些方面的不足激发了他们的潜能。

威廉·詹姆斯曾说："我们最大的弱点，也许会给我们提供一种超乎想像的生命动力。"

是的，密尔顿正是因为失明，才能写出那么精彩的诗篇。而海伦·凯勒的创作事业则完全是受到了耳聋目盲的激发。贝多芬则可能因为耳聋才得以完成生命的赞美诗《命运》。要是柴可夫斯基的婚姻不是那么不幸，逼得他几乎要寻短见，他可能难以创作出不朽的《悲怆交响曲》。托尔斯泰与陀斯妥耶夫斯基都是因为本身命运悲惨，才能写出流传千古的感人作品。

在巴黎的一次音乐会上，世界著名小提琴家欧利·布尔正在演奏，忽然小提琴的 A 弦断了，他从容自若地以剩余的三条弦奏完全曲。佛斯狄克说："这就是人生，断了一条弦，你还能以剩余的三条弦继续演奏。"

进化论创始人达尔文，这位使人类科学观点得到改变的科学家说："如果我不是这么无能，我就不可能完成所有这些我辛勤努力完成的工作。"很显然，他坦承他的许多弱点对他有意想不到的助力。

达尔文在英国诞生的同一天，在美国肯德基州的小木屋里也诞生了一位婴儿。他就是林肯。假如林肯生长在一个富有的家庭，得到哈佛大学的法律学位，又有美满的婚姻，他可能永远不能在盖茨堡讲出那么深刻动人、不朽的词句。更别提他连任就职时的演说——这篇演说集中体现了一位统治者最高贵优美的情操，他说："不要对任何人怀有恶意，常怀慈悲于世人。

斯堪第纳维亚地区流行一句俗语：冰冷的北极风造就了爱斯基摩人。

我们无法相信人们仅仅因为没有任何困难而觉得舒适，觉得快乐。恰恰相反，一个自怜的人即使舒服地靠在沙发上，也不会停止自怜。反倒是无视环境优劣的人常能快乐，他们极富个人的责任，从不逃避。

假使我们真的心灰意冷到看不出有任何转机的希望，两个理由我们起码应该一试，这两个理由保证我们试了只有更好，不会更坏。

理由一：如果努力我们可能成功。

理由二：即使未能成功，这种努力的本身已迫使我们向前看，而不是一味的悔恨，它会驱除消极的想法，代之以积极的态度。它激发创造力，促使我们忙碌，也就没有时间与心情去为那些已成过去的往事忧伤了。

23. 多一点"难得糊涂"精神

【原文】

此果不材之木也，以至于此其大也。

——《庄子·人间世》

【译文】

这果真是什么用处也没有的树木，以至长到这么高大。

【处世哲学】

众所周知，人有聪明人和糊涂人之分；同是聪明人，又有大聪明和小聪明之分；同是糊涂人，又有真糊涂和假糊涂之分。庄子应该归为假糊涂、真聪明之类。

《庄子·人间世》中有一个故事：

楚庄王的异母弟弟，名叫子綦，因住城南，所以，大家都叫他南郭子綦。

南郭子綦一天到河南商丘游玩，在那儿看到一棵很特别的树。那棵树十分高大。

子綦说："这是什么树呀，肯定有特殊的用途啊。"

南郭子綦抬头再细看大树，又觉得有些奇怪。那树的细枝，原来都是弯弯曲曲的，绝对不能作栋梁。那树的主干，木质松泡，也不能做家具。舔一下它的树叶，口腔就会感染溃烂；闻闻它的气味，就叫人发酒疯，稀里糊涂，好几天不能醒过来。

南郭子綦说："这是不成材的树木，才长得这么高大。唉，精神世界完全超脱物外的'神人'，就像这不成材的树木呢！"

"不材之木"，是真的无才吗？其实，这恰恰是一种最聪明的糊涂精神。

"不材之木"，表面无才，其实是不外露，以免遭受不测。这是一种智慧人生。

《三国演义》第二十一回有一段"曹操煮酒论英雄"的故事。

当时刘备落难投靠曹操，曹操很真诚地接待了刘备。刘备住在许都，以衣带诏签名后，为防曹操谋害，就在后园种菜，亲自浇灌，以此迷惑曹操，放松对自己的注意。

一日，曹操约刘备入府饮酒，谈起以龙状人，议论谁为世之英雄。刘备点遍袁术、袁绍、刘表、孙策、刘璋、张绣、张鲁、韩遂，均被曹操一一贬低。曹操指出英雄的标准——"胸怀大志，腹有良谋，有包藏宇宙之机，吞吐天地之志。"

刘备问："谁能当之？"

曹操说："今天下英雄，惟使君与操耳！"。

刘备本以韬晦之计栖身许都，被曹操点破是英雄后，吃了一惊，竟吓得把匙箸也丢落在地下，恰好当时大雨将到，雷声大作。

刘备从容俯拾匙箸，并说"一震之威，乃至于此"，巧妙地将自己的慌乱掩饰过去，从而也避免了一场劫数。刘备在煮酒论英雄的对答中是非常聪明的。

刘备藏而不露，人前不夸张、显炫、自大，不把自己算进"英雄"之列，这办法是很让人放心的。他的种菜、他的数英雄，至少在表面上收敛了自己的行为，是极聪明的举动。

中国旧时的店铺里，在店面是不陈列贵重货物的，店主总是把它们收藏起来。只有遇到有钱又识货的人，才告诉他们好东西在里面。倘若随便将上等商品摆放在明面上，岂有贼不惦记之理？不仅是商品，人的才能也是如此。古语说"满招损，谦受益"，才华出众而又喜欢自我炫耀的人，必然会招致别人的反感，吃大亏而不自知。所以，无论才能有多高，都要善于隐匿，即表面上看似没有，实则充满。

这也正符合了《庄子》中提出的"意怠"哲学。"意怠"是一种很会鼓动翅膀的鸟，别的方面毫无出众之处：别的鸟飞，它也跟着飞，傍晚归巢，它也跟着归巢。队伍前进时它从不争先，后退时也从不落后。吃东西时不抢食、不脱队，因此很少受到威胁。表面看来，这种生存方式显得有些保守，

但是仔细想想，这样做也许是最可取的。凡事预先留条退路，不过分炫耀自己的才能，这种人才不会犯大错。这是现代高度竞争社会里，看似平庸，但是却能按自己的方式生存的一种方式。

人人都愿意做一个聪明的人，不愿意成为一个糊涂的人。但是有时候还需要一些"难得糊涂"的精神。因为这种"糊涂"才是顶级的聪明。其实，有的时候，一点点的"糊涂"和人情味比十足的"太精明"更容易得到回报。

大智若愚，从一个角度来说，也可理解为小事愚，大事明。对于个人来说是一种很高的修养。所谓愚，并非自我欺骗，或自我麻醉，而是有意糊涂。

该糊涂的时候，就不要顾忌自己的面子、自己的学识、自己的地位、自己的权势，一定要糊涂，而该聪明、清醒的时候，则一定要聪明。由聪明而转糊涂，由糊涂而转聪明，则必左右逢源，不为烦恼所扰，不为人事所累，这样你也必会有一个幸福、快乐、成功的人生。

24. 嘴上留情，脚下才会有路

【原文】

传其常情，无传其溢言，则几乎全。

——《庄子·人世间》

【译文】

传达平实的言辞，不要传达过分的话语，那么也就差不多可以保全自己了。

【处世哲学】

庄子认为要保全自己，就要以诚待人，不要说一些过分的言语，也就是我们平常所说的嘴茬子不要太扎人。否则，只会招来彼此的不快。正所谓，只有嘴上留情，脚下才会有路。

要做到嘴上留情，就要注意以下几个方面：

1. 不揭短

俗话说："打人不打脸，揭人不揭短。"揭人疮疤，除了让人勾起一段不愉快的回忆外，于事无补。这不仅会叫被揭疮疤的人寒心，旁人一定也不大舒服。因为疮疤人人会有，只是大小不同。见到亲人或同事浓血淋漓的疮疤，只要不是幸灾乐祸的人，都会有"兔死狐悲，物伤其类"的感觉。

2. 指责他人之过，切忌露骨直言

《呻吟语》指出："指责他人之过，需要稍作保留。不要直接地攻击，最好采用委婉暗示的譬喻，使对方自然地领悟，切忌露骨直言。"与人争辩时也一样，以严密的辩论将对方驳倒固然令人高兴，但也未必非体无完肤才行。因为这样做不但对自己毫无好处，甚至有时还会适得其反，不但得不到对方的认可，有时还会增加一个敌人。

3. 君子之交绝不出恶声

在人际交往中，要想应付自如，在这方面就得留心。所谓"君

子之交绝不出恶声"，即在这个世界上，与人亲密地交往时，需诚意待人，纵使交恶断绝往来，也不可口出恶言，说对方的不是。这样，你才能在不伤害他人的情况下保全自己。

19 世纪俄国批判现实主义作家冈察洛夫说"人与人天天密切地接触，要互相付出代价的。要仅仅欣赏对方的优点，而不刺痛对方的缺点，也不被对方刺痛缺点，双方都需要有多方面的生活经验、理解和适当的距离。"

4. 不旧事重提

常言道：清官难断家务事。许多人常因一件小事生气，讲不出道理的时候，就轻易揭对方老底，于是演变为怒火中烧。夫妻吵架越来越激烈的原因，往往也是互揭对方的疮疤。例如一方口无遮拦地脱口说出："你过去做了……"此话一出口，情况便无法收拾了。

为什么旧事重提会引起对方如此的反感和愤怒呢？其实不只是夫妇之间，一般人亦然，事过境迁之后，总认为自己已得到对方的宽忽，相信对方必然将过去的事忘了，并从此信任对方。所以，当对方重提旧事时，内心自然愤怒至极，认为原来他只是装作忘记，事实上他仍记挂在心！如此一来，不但从此不再相信对方，而且可能因此而形同陌路。

要杜绝揭人老底的行为，除了要知晓利害，学会自我控制外，还须养成及时处理问题的习惯。不要把事情搁置起来，每个问题都适时解决，有了结论，以后也就不要再旧事重提，再翻老账。没有"今日事今日毕"的好习惯，把现在事拖到将来，那么，在将来的日子里，你就得不停地翻旧账。这是恶性循环，办事越拖，旧账越多；旧账越多，办事越拖。

5. 不逞口舌之快

有的人，的确反应快，口才好，心思灵敏，在生活或工作中和别人有利益或意见的冲突时，往往能充分发挥辩才，把对方说得脸红脖子粗，哑口无言。这种人不管自己有理无理，他绝不会认输，而且也不会输，因为他有本事抓住你语言上的漏洞，四处攻击，让你毫无招架之力；虽然你有理，他无理，但你就是拿他没办法。

参加辩论会，或者进行商务谈判，这种人也许是个人才，但在日常生活和工作场合中，这种人反而会吃亏。他们常会因"所向无敌"而忽略收敛的重要，因而把"逞口舌之快"当成一种"快乐"，这是这种人最大的悲哀。

最重要的是，日常生活和工作场合不是辩论场，也不是会议场和谈判桌，你面对的可能是能力强但口才差，或是能力差口才也差的人，你辩赢了前者，并不表示你的观点就是对的；你辩赢了后者，只凸显你只是个好辩之徒罢了。

而一般常见的情形是，人们虽然不敢在言语上和你交锋，但对的事情大家心知肚明，反而会同情辩输的那个人，你的意见并不一定会得到支持，而且别人因为怕和你在言语上交锋，只好尽量回避你。如果你得理还不饶人，把对方"斩尽杀绝"，让他没有台阶下，那么你已埋下一颗仇恨的种子，这对你绝对不是好事。

25. 做人要留有余地

【原文】

无迁令，无劝成。过度益也。

——《庄子·人间世》

【译文】

不要随意改变已经下达的命令，不要勉强他人去做力不从心的事，说话过头一定是多余、添加的。

【处世哲学】

政令不能朝令夕改，矫枉过正。做人也应该如此，善始善终，不可朝三暮四，令人觉得你包藏祸心——即使你心有此意。常言道："做人要给自己留有余地"，即为此意。

日本一位著名的心理学家讲过年轻时谒见高僧时的情形——在走廊上行走要低头，进禅房要低头，高僧面前正坐要低头，三次低头之后，神秘感也会随之产生。由此可见神秘感并非事物本身所原有的，而是人为的原因，促使人变成"神"。大多数名人在群众眼中的神秘感大抵是这样产生的。而名人的沉默、冷峻、威严、深居简出，则加强了这种神秘感。文化层次越低这种感觉就越强烈。因为不了解，出于好奇，就会凭借自己仅知道的一点信息，猜想着生活中名人或是领袖人物的喜怒哀乐。

法国前总统戴高乐说："我发现在别人心目中，有一个叫戴高乐的人，这个人实际上是我以外的人……一个比夏尔·戴高乐真人高大的人物。我知道我必须考虑这个人。考虑这个戴高乐将军，我简直成了他的俘虏。"戴高乐将军所反映的现象是真实的，在现实生活中确实存在。名人在庆幸自己在大众心中占着重要一席地位的同时，也应看到这些现象透露出的危机：自己正在不断偏离群众，脱离大众，正在超脱于生长的土壤，将自己连根拔起，所以还大众一个有血有肉、平易近人的名人形象非常重要。

走出封闭的天空，去多多交流沟通，主动与街坊邻居加深感情，并不会降低自个身价，也不会有毫发损失；放下矜持，摒弃冷漠，与别人开句得体的玩笑，在大众中所具有的威信也不会随之而减少。名人在群众心中的地位，并非仅依靠那种爱理不理，趾高气扬的形象来维系。应该用真挚的情感面对热心的群众，展示出美好的自我。

做人如果高高在上，游离于目标之外，也就断绝了决策赖以形成的各种第一手资料，将造成因沟通不畅产生的隔阂，进面影响总体效益、个人形象及人际关系。

26. 保持最佳距离

【原文】

就不欲入，和不欲出。形就而入，且为颠为灭，为崩为蹶。心和而出，且为声为名，为妖为孽。

　　　　　　　　　　　　　　　　——《庄子·人间世》

【译文】

迁就、亲附他而又不要陷入太深，随和、疏导他而又不要过于显露。外表亲附到关系过深，会招致颠覆毁灭，招致崩溃失败。内心随和疏导过于显露，将被认为是为了争名声，也会招致不祥的祸害。

【处世哲学】

生活中有些事情常常是物极必反：你越是想得到他的爱，越要他时时刻刻不与你分离，他越会远离你，背弃爱情；你多大幅度地想拉他向左，他则多大幅度地向右荡去。

为什么这样呢？庄子认为，一个人可以在表面上亲附，但是亲附必须"不欲入"，就是不要过分地陷进去，一个人心里要宽和，不要表现得太明显。一个人表现出太多的宽和，你就可能会在这里面开始博取名声，为妖为孽，最后助纣为虐，陷入一场混乱。所以，外在可以随和，内心也可以宽容，但这一切都是有节制的。这种节制，就是庄子所说的"外"。一个人可以做到外化，而内心一定要有分寸。没有分寸、没有定力的人，外在也是做不好这一切的。

所以，庄子说，亲附他不要关系过深，疏导他不要心意太露。也就是说，在与人相处过程中，既不能太疏远，也不能过于亲密，应保持一定的距离，亲而有间，疏而有密。

庄子其实是在提醒大家做任何事情都要注意分寸。庄子的这条规则在处理两类关系时应该特别注意。

1. 同事间的交往

因为每个人都希望有一个没有外人、独立自由的空间，所以人际间的交往必须有一定的分寸，也就是保持一定的距离。

一方面，无论与同事的关系多么的温馨、和睦，也不要随便把自己最隐秘的东西告诉同事，因为不知道在什么时候，也不知道因为什么，你们可能会变成对立的一方，而你的这些隐秘的东西就会变成他攻击你的武器，你说的话或做的事有可能成为同事将来抓你小辫子的把柄，让你没有招架的余地，另一方面，你如果把自己的老底都抖搂给同事，使他们都"看透"你，你在同事中的地位可能一落千丈。

如果你了解同事过多，在某个场合一不小心捅了同事不愿告诉别人的事情，或伤到了同事的自尊，那你就无形中得罪了同事。

保持距离也省去了由于交往过密而带来的副作用，交往愈深，需要付出的精力和时间愈多。现代人的生活时间非常有限，一天的时间安排好之后，便不能被别人打乱。

另外，同事间不要对别人的家庭私事说三道四，同事关系再亲密也只有分享友情的便利而没有"干涉内政"的权力。如果你不小心得知了同事的某些隐私，此时只有三缄其口，沉默是金，千万不要为一时的嘴头痛快，让那些长舌妇们听到成为搬弄是非的材料。所以，同事间都不互相打听别人家的私事，也不传播这一类的信息，大家才会相处得更加和睦。保持距离并不是态度冷漠，而是在理解别人的基础上给人的一份尊重，在淡泊的关系中完成自我的人格。

所以，庄子认为，人不能总是像在自己家中那样放任，必须头脑清醒，看清方向，也就是要有自觉意识和理性的指引。所以"就不欲入，和不欲出"就是一种有意识的自我节制与约束。

比如，对于异性同事，就要注意交往的分寸。

1. 既要反对男女之间"授受不亲"的传统观念，又要注意"男女有别"的客观事实。男女同事之间，只要是正当的纯正的工作关系，完全可以是堂堂正正的往来接触。但也不能说异性同事中间，没有"一丁点人性"，因而明智的人要学会服从良心和社会禁忌，一举一动都要大方得体，不能过于随便。

2. 要从思想上和行为上分清友谊与爱情的界限。因为人总是有感情的。在友谊和爱情之间并没有一条不可逾越的鸿沟。超过一定的限度，兴许你自己也分不清哪是友谊哪是爱情了。

3. 工作之余应多在集体活动中交往。邀请对方到家里做客，不要忘了同事的另一半或其他同事作陪。若是单独相处时，一定要注意选择好环境和场所，尽量不要在偏僻、昏暗处长谈。如果在房间里单独相处，不要关门或锁门，以免引起他人的猜测或误解。

4. 女性在与男同事相处时，一定要保持自尊、自爱的美德，既要有女性的荣誉感，又要善于自我保护。作为男性，性格上则应更加谨慎，善于克制，不要动不动就发脾气。

与同事相处，太远了显然不好，人家会误认为你不合群、孤僻、性格高傲。太近了也不好，因为这样容易让别人说闲话，而且也容易使上司误解，认定你是在拉帮结派。所以不即不离、不远不近的同事关系，才是最合适的和最理想的。以这样的心态处理同事关系，就不会发生什么意外情况了。

2. 夫妻关系的处理

在处理一般关系时，庄子认为要"就不欲入，和不欲出"，那么，在处理夫妻关系时当然也要遵守这个规则了。不过这里我们不能再理解为亲附了，而是说要保持合适的距离。两个人天天吵架，没有一天安生的日子，这样不好；但是，两个人好得跟一个人似的，没有任何的隐私，没有任何个人的色彩，那么，所有自己的爱好、追求、激情等等也都随之消失，这样就好吗？

当然不好。庄子没有直接说出来，但我们感受得到。比如，多数人小到大，都在自己的内心深处留在暂时或永远不对别人开放的"禁区"。例如，一个丈夫可能过去同另一个女性谈过恋爱，但没有成功，可是他心中还留有对那位女性的崇敬和好感，因为对方有一些优点被他肯定和珍视，爱情未能发展，友情尚可留存。他把这种美好的友情珍藏在心里，没有告诉自己的妻子，是怕引起妻子的疑虑，或者是怕妻子受到刺激，这是尊重妻子的感情、爱护妻子自尊心的表现。

一位贤惠的妻子，也可能在婚前有一些朋友，其中有的人是丈夫不喜欢，或者丈夫没有必要结识的，妻子也无须勉强让自己的朋友全部成为丈夫的朋友。在这种情况下，妻子偶尔抽出闲暇的时间去拜访自己的朋友，而不必花费口舌去向丈夫"请示"汇报，这也是完全可以理解的。有的夫妻结婚后，各自在学习和工作中都发现一些值得自己敬佩的同性朋友和异性朋友，如果这样的朋友能成为夫妻双方交往的对象，那当然很好；但是往往由于双方的事业领域和进取目标不同，配偶的志同道合者不可能、也不必要成为共同的伙伴，那就允许配偶在充分珍惜自己的夫妻关系和正确估量对方利益这一前提下，独自决定与哪些人或以什么方式交往，在交往中保持什么分寸，等等，而不必事事向自己详细解释，以免酿成弄巧成拙的结局。我们应该让爱人有自己的天地去做他的工作，譬如与朋友小聚，集邮，或是其他的任何爱好。在你看来，对方的嗜好也许傻里傻气，但是你千万不要嫉妒，也不要因为你不能领会这些事情的迷人之处而厌恶对方，你应该适时地迁就对方。

我们应当自信，真正的爱是可以超越时间、空间的。

因此，作为婚姻的双方，在魅力的法则上，请留给彼此一个距离，这距离不仅仅包含空间的尺度，同样包含心灵的尺度：留下你自己独特的性格，不要与我如影随形；留下你自己内心的隐私，不要让我感到你是曝光后苍白的底片；留下你一份意味深长与朦胧的神秘……不要试图挽留我离去的脚步，不要幻想我的目光永远专注于你，一切都应该是自然形成。

在你我之间留下一段距离，让彼此能够自由呼吸。

这就是庄子的态度。

27. 枪打出头鸟

【原文】

山木自寇也，膏火自煎也。桂可食，故伐之；漆可用，故割之。人皆知有用之用，而莫知无用之用也。

——《庄子·人间世》

【译文】

山上的树木皆因材质可用而自身招致砍伐，油脂燃起烛火皆因可以燃烧照明而自取熔煎。桂树皮芳香可以食用，因而遭到砍伐，树漆因为可以派上用场，所以遭受刀斧割裂。人们都知道有用的用处，却不懂得无用的更大用处。

【处世哲学】

在社会历史上，人们发现，在社会变动开始时，首先死去的总是一些有用人才。正如河中淹死的，总是会游泳的人，酒桌醉倒的一定是会喝酒的人。

因为会水，在水中用场大，落水的机会多，失身的机会也多；因为能喝，和酒有缘，醉的概率也大。

人必有为。庄子讲无用，实不过是讲境界讲人生目的。但历史讲文明，社会讲功利，人生要创造，如何无用？

为此，庄子在《人间世》篇中讲了一个故事：

有个木匠到齐国去，经过曲辕这个地方，看见一棵被世人当作神社的栎树。这棵栎树树冠大到可以遮蔽数千头牛，用绳子绕着量一量树干，足有十丈粗，树梢高临山巅，离地面八十尺处方才分枝，可以造船的旁枝有十余根。观赏的人群像赶集似地涌来涌去，而这位木匠连瞧也不瞧一眼，不停步地往前走。

他的徒弟站看了许久，跑着赶上了木匠，说："自我学艺以来，从不曾见过这样壮美的树木。可是先生却不肯看一眼，不住脚地往前走，为什么呢？"

木匠回答说："算了，不要再说它了！这是一棵什么用处也没有的树，用它造船定会沉没，用它做成棺椁定会很快朽烂，用它做成器皿定会很快毁坏，用它做成屋门定会流脂而不合缝，用它做成屋柱定会被虫蛀蚀。这是不能取材的树。正因为它没有什么用处，所以它才能有这么长的寿命。"

晚上，木匠做了一个梦，梦见栎树对他说："你要拿什么东西跟我相比呢？你打算拿可用之木来跟我相比吗？那楂，梨、橘、柚都属于果树，果实成熟就会被打落在地，打落果子以后枝干也就会遭受摧残，大的枝干被折断，小的枝丫被拽下来。这就是因为它们能结出鲜美果实才苦了自己的一生，所以常常不能终享天年而半途夭折，自身招来了世俗人们的打击。各种事物莫不如此。而且我寻求没有什么用处的办法已经很久很久了，几乎被砍死，这才保全住性命，无用也就成就了我最大的用处。假如我果真是有用，还能够获得延年益寿这一最大的用处吗？况且你和我都是'物'，你这样看待事物怎么可以呢？你不过是接近死亡的没有用处的人，又怎么会真正懂得没有用处的树木呢！"

木匠醒来，把梦中的情况告诉徒弟们。

徒弟们说："它既然只追求无用，那它做社神又为的是什么呢？"

木匠说："闭嘴，别说了！它只不过是在寄托罢了，反而招致不了解自己的人的辱骂和伤害。如果它不做社树的话，它还不遭到砍伐吗？况且它用来保全自己的办法与众不同，而用常理来了解它，可不就相去太远了吗！"

这就是庄子说的无用之用。可惜，我们很多人没有明白这个道理。

比如，身在职场，往往都急于显露一下自己的才能和实力，盼望尽快得到他人的认可和刮目相看。因而表现得锋芒毕露、急于求成，凡事都要争个"先手"，有时动不动还要来个"抢跑"。并且，过早地掀起和卷入竞争，也会造成潜在的被动。

所以，一个人要善于去掉自己锋芒毕露的角，这样才能长久，才能厚积薄发。

关于这个问题，道家的祖师爷老子也有类似的论述。

《老子·洪德第四十五》章说："大巧若拙，大辩若讷。"意思是最聪明的人，真正有本事的人，虽然有才华学识，但平时像个呆子，不自作聪明；虽然能言善辩，但好像不会讲话一样。无论是初涉世事，还是位居高官，无论是做大事，还是一般人际关系，锋芒不可毕露。有了才华固然很好，但在合适的时机运用才华而不被或少被人妒忌，避免功高盖主，才算是更大的才华，这种才华对国对家对人对己才有真正的用处。

据《史记·老子韩非列传》中记载，孔子曾经拜访过老子，向他请教礼。老子告诫孔子说："子所言者，其人与骨皆已朽矣，独其言在耳。且君子得其时则驾，不得其时则蓬累而行。吾闻之，良贾深藏若虚，君子盛德，容貌若愚。去子之骄气与多欲，态色与淫志，是皆无益于子之身。吾所以告子，若是而已。"老子指出孔子有"骄气和过多的欲望"，劝孔子去掉这些东西，因为这些东西对你没有一点好处。

老子所说的"君子盛德，容貌若愚"，盛德是指"卓越的才能"。意思是，那些才华横溢的人，外表上看与愚鲁笨拙的普通人毫无差别。

《庄子·外篇·山木》中还有一句话叫"直木先伐，甘井先竭"。一般所用的木材，多选择挺直的树木来砍伐；水井也是涌出甘甜井水者先干涸。嫉贤妒能，几乎是人的本性，所以有才华的人会遭受更多的个幸和磨难。

由此观之，人才的选用也是如此。有一些才华横溢、锋芒太露的人，虽然容易受到重用提拔，可是也容易遭人暗算，甚至引来杀身之祸。历史上和现实生活中的这种例子比比皆是。

《三国演义》第七十二回有这样一个故事：

杨修是曹营的主簿，是很有名的思维敏捷的官员和有名的敢于冒犯曹操的才子。

曹操曾造花园一所，造成，曹操去观看时，不置褒贬，只取笔在门上写一"活"字。杨修说："门内添活字，乃阔字也。丞相嫌园门阔耳。"于是翻修。曹操再看后很高兴，但当知是杨修析其意后，内心已妒忌杨修了。又有一日，塞北送来酥饼一盒。曹操写"一合酥"三字于盒上，放在台上。杨修入内看见，竟取来与众人分食。曹操问为何这样？杨修答说，你明明写"一人一口酥"嘛，我们岂敢违背你的命令？曹操虽然笑了，内心却十分厌恶。

还有一次，刘备亲自打汉中，惊动了许昌，曹操也率领四十万大军迎战。曹刘两军在汉水一带对峙。曹操屯兵日久，进退两难，适逢厨师端来鸡汤。见碗底有鸡肋，有感于怀，正沉吟间，夏侯惇入帐禀请夜间号令。曹操随口说："鸡肋！鸡肋！"人们便把这当作号令传了出去。杨修即叫随行军士收拾行装，准备归程。夏侯惇大惊，请杨修至帐中细问，杨修解释说："鸡肋者，食之无肉，弃之有味。今进不能胜，退恐人笑，在此无益，不如早归；来日魏王必班师矣。"夏侯惇也很信服。营中诸将纷纷打点行李。曹操知道后，怒斥杨修造谣惑众，扰乱军心，便把杨修斩了。

凡此种种，皆是杨修的聪明触犯了曹操；杨修之死，植根于他的聪明才智。后人有诗叹杨修，其中有两句是："身死因才误，非关欲退兵"。这是很切中杨修之要害的。

杨修之死给我们留下了重要的启示：

第一，才不可露尽。杨修是绝顶聪明的人，也算爽快，且才华横溢，其才盖主。这就犯了曹操的大忌。有些将帅帝王是不喜欢别人胜过自己的。我看过的一些资料说，乾隆皇帝好卖弄才情，好写诗，写过数万首诗。他上朝时经常出些辞、联考问大臣。大臣们都很聪明，明明知道那是很浅的学问或狗屁不通的对联，也不说破，故意苦思冥想，并且求皇帝开恩"再思三日"。这意思无非是让乾隆自己说。果然喜孜孜的皇帝说了出来，于是大臣一片礼赞之声，把个皇帝老儿喜得不得了。

杨修犯的正是这禁忌，你处处出尽风头，那魏王还能英明得了吗？这不是叫人赞扬你而冷落了主人么？这是他必死的原因之一。

第二，事不要点破。譬如鸡肋，曹操正苦思于此，不知如何解脱，你捅穿这层薄纸，就是羞辱了他。

我们在日常工作中，常常遇到以下问题：有一些事，人人已想到、认识到了，却无一人当众说出来。这些人并非傻子，而是都学精了。人所共欲而不言，言者乃大傻也。有一句老话叫："枪打出头鸟"。这话你争着说，必定犯着时忌，或说中别人的痛处，这样你就会倒霉了。杨修是历史的一面镜子。他的死殊为可惜，可他的死确实使后人清醒。

28. 心静则清，心清则静

【原文】

鉴明则尘垢不止，止则不明也。

——《庄子·德充符》

【译文】

镜子保持明亮，尘垢就不会沾染在上面，尘垢落在上面，镜子也就不会明亮。

【处世哲学】

庄子认为镜子是亮的，说明上面没有灰尘，要想让镜子保持明亮，就不要让灰尘落在上面。

如果我们将庄子的意思引申一下，就可以得出这样的结论，想让自己的心灵保持纯净的话，就不要让"灰尘"落在上面，也就是"心静"。

一个人的心处于绝对安静姿态时，便可以从容思考各种疑难，从容应对多方杂务。

我们如果遇到很棘手很困难的事情不妨试下：脑子不能有太多的杂念，而且要有意识去排斥各种诱惑、干扰，心思尽可能单纯专一，时常保持一种宁静如水的心态。

以静识物、以静观心，是人们认识真理和自我修养的基本方法。所以古人很早就倡导要在宁静中思考问题，从而透过表象把握事物的本质和规律。

在日常生活中，培养平和的心态，拒绝急躁，才能避免误事；而遇到挫折和困难的时候，依靠平和的心态才能找到解决问题的方法，避免灰心、丧失信心。

许多人脾气暴躁、性子急，所以做事的时候不能拿捏力度、不能很好地掌握分寸。比如说话的时候爱发火，甚至出语伤人，做事的时候不能和别人搞好团结，结果容易把事情搞砸。

历史的经验明确告诉我们，拥有一颗平静的心是为人通达、妥善处理各种事务的基本要求。遇到不顺自己心的事，不暴躁，更不暴跳如雷。这是性静。

生活要有目标有追求。为了实现自己制定的人生目标，坚定不移而义无反顾，摒弃这山望着那山高的浮躁之心，不追求不切实际的幻想。无杂念邪念，在声色犬马的诱惑下，不因自己的一念之差而饮恨终生。这是念静。

遭遇事业不顺、恋爱受挫、家庭纠葛等等这些令人头疼的失意之事，能以一个良好的心态去面对，不焦躁，不烦躁，保持内心的平静，情绪稳定，设法寻找解决问题、化解矛盾的方法。这是意静。

即使在极为愤怒的情况下，发作之时，能有理有利有节，及时让自己平静下来。

行事不急躁、不鲁莽，摒弃急于求成，压住阵脚，稳扎稳打，努力思考并实施最佳策略而致胜。这是行静。

静，不是对令人深恶痛绝的事视而不见，充耳不闻。当拍案时则拍案，但拍案前要冷静思考一下，是为他人还是为自己，为正义还是为面子，为指责恶行还是为辩解自己。

此时之静，当为不冲动，设法寻找能够取胜的最佳策略。不是那种"喜怒不形于色"的矜持，也不是那种深藏不露的城府。

欲心静必先心清，心静后方能心更清，二者相辅相成。心不清，不知欲不知为，难去躁，心难静；心不静，只注重表面现象而忘其实质，则欲速而不达，心难清。

29. 错过花，你将收获雨

【原文】

知不可奈何而安之若命，惟有德者能之。游于羿之彀中。中央者，中地也；然而不中者，命也。

——《庄子·德充符》

【译文】

懂得事物之无可奈何，安于自己的境遇并视如命运安排的那样，只有有德的人才能做到这一点。一个人来到世上就像来到善射的后羿张弓搭箭的射程之内，中央的地方也就是最容易中靶的地方，然而却没有射中，这就是命。

【处世哲学】

你相信命运吗？很多人的回答是否定的。但庄子相信。

庄子说："知不可奈何而安之若命，惟有德者能之。"我们并非都是像庄子那样有智慧的人，所以无法使所有的人都相信命运。但是，命运却是实实在在地存在着，并左右着我们的生活。

这绝不是唯心主义，也不是封建迷信。比如，两个很恩爱的男女，却因为双方父母的关系，不能成为夫妻；比如，一方很爱着对方，对方却爱着别人；比如，在咖啡厅偶然碰到一个心仪的人，却匆匆地没有留下一个电话。这些，都是错过的美丽风景，这也就是命运。也许有人会很伤心，其实，大可不必。在庄子的眼里，命运其实就是自然，是人的境遇而已。错过花，或许能收获雨；放下错过的伤痛，或许收获乐。人生是需要随时面临选择与放弃的，不放下过去的伤痛，就永远也无法尝试新的快乐；不埋葬旧的记忆，就无法面对新的开始。你有所选择，同时，你就有所失去。

许多事情，总是在经历过以后才会懂得。一如感情，痛过了，才会懂得如何保护自己；傻过了，才会懂得适时的坚持与放弃，在得到与失去中我们慢慢地认识自己。其实，生活并不需要这些无谓的执著，没有什么不能割舍。学会放弃，生活会更容易。

学会放弃，在落泪以前转身离去，留下简单的背影；学会放弃，将昨天埋在心底，留下最美的回忆；学会放弃，让彼此都能有个更轻松的开始，迫体鳞伤的爱并不一定就刻骨铭心。这一程情深缘浅，走到今天，已经不容易，轻轻地抽出手，说声再见，真的很感谢。这一路上有你。曾说过爱你的，今天，仍是爱你。只是，爱你，却不能与你在一起。一如爱那原野的朝霞，爱它，却不能携它归去。

每一份感情都很美，每一程相伴也都令人迷醉。是不能拥有的遗憾让我们更感眷；是夜半无眠的思念让我们更觉留恋。感情是一份没有答案的问卷。

苦苦的追寻并不能让生活更圆满。也许一点遗憾，一丝伤感，会让这份答卷更隽永，也更久远。

收拾起心情，继续走吧，错过花，你将收获雨；错过她，我才遇到了你。继续走吧，你终将收获自己的美丽。

谁说喜欢一样东西就一定要得到它。有时候，有些人，为了得到他喜欢的东西，弹精竭虑，费尽心机，更有甚者可能会不择手段，以至走向极端。也许他得到了他喜欢的东西，但是在他迫逐的过程中，失去的东西却无法计算，他付出的代价是其得到的东西所无法弥补的。

也许那种代价是沉重的，直到最后才会被他发现罢了。其实喜欢一样东西，不一定要得到它。

有时候为了强求一样东西而令自己的身心都疲惫不堪，是很不划算的。再者，有些东西是"只可远观而不可近瞧的"，一旦你得到了它，日子一久你可能会发现其实它并不如原本想像中的那么好。如果你再发现你失去的和放弃的东西更珍贵的时候，相信你一定会懊恼不已。所以也常有这样的一句话"得不到的东西永远是最好的"。

所以当你弃欢一样东西时，得到它并不是你最明智的选择。

喜欢一样东西，就要学会欣赏它，珍惜它，使它更弥足珍贵。喜欢一个人，就要让他快乐，让他幸福，使那份感情更诚挚。

如果你做不到，那你还是让它错过吧，所以有时候，有些人，也要学会放弃，因为放、弃也是一种美丽。

错过了就让他错过吧，学会放弃，你便可以使负重的人生得到暂时的休息，摆脱烦恼和纠缠，使整个身心沉浸在一种轻松悠闲的宁静之中。学会放弃，你便可以用充沛的精力去做你最想做，最该做，最需要做的事，学会放弃，你便可以在一种无怨无悔和肚默无闻的等待中使自己的心灵得到一份超越，一份执著和一份自信。

30. 道与之貌，天与之形

【原文】

道与之貌，天与之形，无以好恶内伤其身。

——《庄子·德充符》

【译文】

道赋予人容貌，大自然赋予人形体，可不要因自身的好恶而致伤害了自己的身心健康。

【处世哲学】

庄子认为，人都有自己喜欢的东西和不喜欢的东西，这很正常。你喜欢的东西当然很好，但是你不喜欢的东西也要允许他的存在。况且，无论你喜欢还是不喜欢，都不能阻止它的存在。如果你因为自己的好恶而惊喜或恼怒，那必定会损害到你的身心健康。

从这个意义上说，我们要允许别人跟自己不一样。不一样的思想，不一样的个性，不一样的生活方式，等等。也就是说要允许别人按他自己的方式生活而不去干涉。

王小波在《一只特立独行的猪》中说，对生活作种种设置是人特有的品性。

他认为世界上只有两类人：一种是想要设置别人生活的人，另一种是对被设置的生活安之若素的人。

前一种人总是希望别人按自己的意愿和喜好生活，以为自己喜欢的别人就喜欢，自己的坚持的别人就要坚持，结果却是碰一鼻子灰。

比如为人父母者，会有意或无意地把自己未完成的心愿让孩子承担起来。这对孩子是一种压力，也很不厚道。

很多父母甚至把自己一生的遗憾寄托在孩子身上，一直逼孩子往自认为是正确的路上走。即使孩子并不适合，或者不喜欢。譬如学钢琴，譬如做生意。

为把孩子培养成艺术家、音乐家，许多父母把物力、财力、精力全都倾注在孩子身上，对孩子在艺术方面的期望远远超过了培养兴趣的范围。在这种压力下，家庭变的不快乐，亲子的愉快时光成了斗争大会。牺牲了亲子的和谐关系，追求一些莫明其妙，也不见得正确的父母理想。当子女长大回想起童年，尽是不快乐的回忆。

又比如，一对情侣或夫妻，很多时候需要一种包容，因为对方永远也不会变成你需要的那个样子，就像你也永远变不成对方所需要的那样一样。即使变成了，另一个人的思想随着阅历也会发生很大的改变。年轻的情侣总是希望对方变得像谁谁一样，可是这样下去经过若干的轮回，或许你发现还是最初的那个他是最好的。

年轻的时候你希望对方能够成熟一些，但真的变成这样了，你或许又会认为人还是简单一些好，但磨去的棱角怎么能再回来？记得有人曾经说过，成功就是做最好的自己。如果爱对方的话，就帮助他做好最完美的他自己。

其实，每一个人都有每一个人自认为正确的生活方式，每一个人都有每一个人的自以为可以让自己开心的快乐。

有的人出门坐地铁，打的士，还叫累；

有的人进城乘汽车，靠双脚，挺快活。

有的人住高楼，上下电梯，四季空调，还受闷；

有的人住平房，鸡鸭乱跑，四面透风，挺自在。

有的人饭局太多，无何奈何，慷慨赴宴，喝完再喝解酒药，这叫活受；

有的人饭局少，没事时，三两老少爷们酒会聚一聚，整二盅喝爽了，倒头就睡，这叫快活。

三毛说，她想有一间自己的书房，不要有窗，也不必太宽敞，只要容得下一桌一椅一台灯即可。桌上放一叠书，灯下是一个真实的人，听得见自己的心跳。

每个人都有自由，如同你也有自由选择走这条追求真善美之路，他们也有自由来选择走其它的路。

谁不应有"你必须跟随我"的这种态度。他们应该随着自己的意志而行，那是他们的人生旅程，在他们来到这个世界之前就已经规划好了的路程，你无权干涉别人的想法和他们选择的生活方式。

我们可以各自有不同的意见，但仍彼此相爱，没有问题。你们可以喜爱小鸟、小狗、小猫和所有的众生，它们也都和你不相同，不是吗？它们跟你所吃的也不一样，如果你爱一只大象，就强迫它吃豆腐，那太荒谬了！对它太不公平了，它会死掉！

同样地，对你而言很好的事物，不一定对别人也很好。你认为很好的事物，是因为你喜欢，而且对你有益，可是别人也许不愿尝试，这不是使我们远离他们的理由。

为什么老是批评别人这里不好、哪里不好、他们都很坏、很冷酷无情，毋须如此。我们应做我们想要做的，别人做他们想要做的。

天空收容每一片云彩，不论云彩美丽或丑陋，所以天空才能广阔无比；高山收容每一块岩石，不论岩石巨大或渺小，所以高山才能雄伟壮观；大海收容每一朵浪花，不论浪花清冽或混浊，所以大海才能浩瀚无比。

解读

庄子的大智慧

下

丁宥允◎编著

中国出版集团
现代出版社

图书在版编目(CIP)数据

解读庄子的大智慧(下) / 丁宥允编著. —北京:现代

出版社,2014.1

ISBN 978-7-5143-2147-0

Ⅰ. ①解… Ⅱ. ①丁… Ⅲ. ①道家 ②《庄子》-青年读物

③《庄子》-少年读物 Ⅳ. ①B223.5-49

中国版本图书馆 CIP 数据核字(2014)第 008566 号

作 者	丁宥允
责任编辑	王敬一
出版发行	现代出版社
通讯地址	北京市安定门外安华里 504 号
邮政编码	100011
电 话	010-64267325 64245264(传真)
网 址	www.1980xd.com
电子邮箱	xiandai@cnpitc.com.cn
印 刷	唐山富达印务有限公司
开 本	710mm×1000mm 1/16
印 张	16
版 次	2014 年 1 月第 1 版 2023 年 5 月第 3 次印刷
书 号	ISBN 978-7-5143-2147-0
定 价	76.00 元(上下册)

目 录

上 篇(下)

31. 忘记是人生最大的智慧 ………………………… 1

32. 适者生存是自然界的规律 ……………………… 5

33. 识破生活中的小人 ……………………………… 8

34. 笑对人生世象 …………………………………… 13

35. 沉住气,才能成大器 …………………………… 17

下 篇

36. 让心灵做一次快乐旅行 ………………………… 23

37. 接受既成事实 …………………………………… 27

38. 不要把精力耗费在小事上 ……………………… 31

39. 凡事要想得开 …………………………………… 38

40. "简单"的快乐 ………………………………… 41

41. 不要迷失自己 …………………………………… 44

42. 信念铸就人生 …………………………………………… 47

43. 大巧若拙 …………………………………………………… 50

44. 宁静淡泊 …………………………………………………… 53

45. 礼貌待人 …………………………………………………… 57

46. 有所为,有所不为 ……………………………………… 59

47. 不要为外物所拘 ………………………………………… 63

48. 保持平常心态 …………………………………………… 66

49. 让你的反对者有说话的机会 ………………………… 71

50. 退一步海阔天空 ………………………………………… 80

51. 先控制自己再控制别人 ……………………………… 83

52. 万事勿强求 ……………………………………………… 86

53. 坚强的毅力助你走向成功 …………………………… 89

54. 生活不是单纯的取与舍 ……………………………… 91

55. 让别人心顺,自己才能事顺 ………………………… 94

56. 以和为贵 ………………………………………………… 101

57. 知道者必达于理 ……………………………………… 106

58. 天外有天,人外有人 ………………………………… 110

59. 低头是为了抬头 ……………………………………… 114

60. 不要跟自己过不去 …………………………………… 117

61. 君子之交淡如水 ……………………………………… 119

上　篇（下）

31. 忘记是人生最大的智慧

【原文】

故德有所长而形有所忘。人不忘其所忘而忘其所不忘，此谓诚忘。

——《庄子·德充符》

【译文】

所以，在德行方面有超出常人的地方而在形体方面的缺陷别人就会有所遗忘。人们如果不忘记所应当忘记的形体缺陷，而忘记了所不应当忘记的德行，这就叫做真正的遗忘。

【处世哲学】

综观《庄子·内篇》，明明白白提到"忘"字的地方并不算太多。大致列举如下：在《大宗师》中最多，有"古之真人……不忘其所始，不求其所终；受而喜之，忘而复之。""泉涸，鱼相与处于陆，相呴以湿，相濡以沫，不如相忘于江湖。与其誉尧而非桀也，不如两忘而化其道。"

从这些言语中，我们可以看出，庄子的思想是辩证的，是一分为二的，庄子提倡的是有所忘有所不忘。庄子认为，人生在世，不应该遗忘的东西就不能遗忘，不应该记得的东西就要把它忘得一干二净。那么，什么是不该忘记的东西，什么又是应该忘记的东西呢？

1. 别人对我们的帮助，千万不可忘了；反之，别人倘若有愧对我们的地方，应该乐于忘记。

阿拉伯名作家阿里，有一次和吉伯、马沙两位朋友一起旅行。三人行至一个山谷时，马沙失足滑落，幸而吉伯拼命拉他，才将他救起。马沙就在附近的大石头上刻下了："某年某月某日，吉伯救了马沙一命。"三人继续走了几天，来到一处河边，吉伯与马沙为了一件小事吵起来，吉伯一气之下打了马沙一耳光，马沙就在沙滩上写下："某年某月某日，吉伯打了马沙一耳光。"

当他们旅游回来之后，阿里好奇地问马沙：为什么要把吉伯救他的事刻在石上，将吉伯打他的事写在沙上？马沙回答："我永远都感激吉伯救我。至于他打我的事，随着沙滩上字迹的消失，我会忘得一干二净。"

阿拉伯著名诗人萨迪说："谁想在困厄中得到援助，就应在平日待人以宽。"记住别人对我们的恩惠，洗去我们对别人的怨恨，这样的人生才会阳光明媚。

一位朋友说："我只记着别人对我的好处，忘记了别人对我的坏处。"因此，这位朋友受大家的欢迎，拥有很多至交。

乐于忘记是一种心理平衡。有一句名言说："生气是用别人的过错来惩罚自己。"老是"念念不忘"别人的"坏处"，实际上最受其害的就是自己的心灵，搞得自己痛苦不堪，何必呢？这种人，轻则自我折磨，重则就可能导致疯狂的报复。乐于忘记是成大事者的一个特征，既往不咎的人，才可甩掉沉重的包袱，大踏步地前进。乐于忘记，也可理解为"不念旧恶"。人要有点"不念旧恶"的精神，况且在许多情况下，人们误以为"恶"的，又未必就真的是"恶"。退一步说，即使是"恶"，对方心存歉意，诚惶诚恐，你不念恶，应该礼义相待，进而对他格外地表示亲近，也会使为"恶"者感念其诚，改"恶"从善。

最难得的是将心比心，谁没有过错呢？当我们有对不起别人的地方时，是多么渴望得到对方的谅解！是多么希望对方把这段不愉快的往事忘记！我们为什么不能用如此宽厚的理解开脱他人？

古往今来，不计前嫌、化敌为友的佳话举不胜举。以古为鉴，可以让我们明白事理，明辨是非，把握前途。

2. 生活中，由于我们总是试图抓住一些我们无法挽回的不幸的事情，这些东西对我们来讲都是包袱，它们对我们是非常不利的，我们应该甩掉它们，应该把他们打入历史的坟墓。

庄子认为，当虚空记忆占据心灵后，含有心灵的形体躯壳只不过是一种尚可与人群居的标志。虚空记忆本身无任何感情色彩，人原有的是非之类不再能侵蚀它。一个人是渺小形体和伟大德心的结合体，形体无论是形全或形残（只是形残常被人误解，以为其德必残），都只是伟大的"德心"的不得已的外包装而已。

所以，你对生活的感觉主要取决于你的选择与追求。对于生活，我们要抱着发现和欣赏的心态，对于包袱，我们要抱着坚决抛弃的心态。我们要时常反省，自己曾经的那些坚持不忘的执著，究竟是值还是不值？

一个人在任何情况下都可以选择快乐。既然如此，我们为什么不对自己微笑呢？丢掉人生旅途上不必要携带的行李，轻松一些，对自己微笑，也对别人微笑，不管有没有理由，只要发自内心，经常试一试，你会慢慢地高兴起来。

不要因为担忧过去而错过了未来更好的机会。为什么让那过失、羞耻和错误继续缠绕着你呢？难道它不是已经很大程度上加深了你的皱纹，压歪了你的肩膀吗？难道它不是已经带走了你的欢笑，带走了你生活中的乐趣吗？因此，我们要把它从你的生活中赶走，把它从你记忆的石板上抹去，并且彻底忘记。只有这样，我们才能甩掉包袱，选择快乐。

有人说忘记很难，其实，你只要把自己的生活拉回到事情发生之前的状态就可以了。

一个长相俊俏的女孩子去投河自尽，被正在河中划船的老艄公救上了船。

艄公问："你年纪轻轻的，为何寻短见？"

女孩子哭诉道："我结婚两年，我爱自己的丈夫，丈夫却遗弃了我。你说，我活着还有什么乐趣？"

艄公又问："两年前你是怎么过的？"

女孩子说："那时候我自由自在，无忧无虑。"

"那时你有丈夫吗？"

"没有。"

"那么，你不过是被命运之船送回到了两年前，现在你又自由自在，无忧无虑了。"女孩子听了艄公的话，心里顿时敞亮了，便告别艄公，轻轻松松地跳上了岸。

真正的大道不是个人一时的兴致与努力，而是要能真正符合道的理想，只有在大道的理想下，才能可大可久、相安相忘，正所谓"不如相忘于江湖"也。

善于忘记，欢乐就会常在。快乐是人生永恒的主题。在你背负沉重的时候，你一定要想法快乐。只有卸下了种种包袱，轻装上阵，从容地等待生活的转机，不断有新的收获，踏过人生的凤风雨雨，才能懂得放手和享有，才能拥有一份成熟，活得更加充实、坦然和轻松。

32. 适者生存是自然界的规律

【原文】

知天之所为，知人之所为者，至矣。知天之所为者，天而生也；知人之所为者，以其知之所知以养其知之所不知，终其天年而不中道夭者，是知之盛也。

——《庄子·大宗师》

【译文】

认识自然的作为，并且了解人的作为，这就达到了认识的极点。认识自然的作为，是懂得事物出于自然；了解人的作为，是用他智慧所通晓的知识，去哺育、薰陶他智慧所未能通晓的知识，直至享尽天然的年寿而不中途夭折，这恐怕就是认识的最高境界了。

【处世哲学】

道家的创始人老子从对自然和谐的认识出发，提出"人法地，地法天，天法道，道法自然"的理论，它揭示了一种应该遵循的规律，人应该效法地，地应该效法天，天应该效法"道"，"道"的特性是自然而然的，也就是说归根结底人应该顺应"天"的规律，以适应自然的要求。

在庄子看来，一切都应顺应自然，不可强求。虽出于好心，但破坏了其自然本性，则反受其害，这是庄子的忧虑。照庄子看，人往往喜欢追求那些外在的东西，从而"劳心苦形，以危其真"，这样就会远离"道"，而陷入痛苦之中。所以庄子说："吾生于陵而安于陵，故也；长于水而安于水，性也；不知吾所以然而然，命也。"（《庄子·达生》）

　　庄子认为，远古时代是一个人与自然和谐的时代，那时人类社会是"莫之为而常自然"，不做什么破坏自然的事，而经常是顺应自然的。顺应自然，用现代科学的观点来解释就是适者生存。有时候，我们无力改变环境，就去适应它。这一点，连小虫子都明白。比如，在绿叶中生存的一种毛毛虫，它的全身都是绿色的，这在生物学上叫保护色。其实，这就是毛毛虫适应周围环境的最聪明的做法。毛毛虫因此躲过了很多天敌的攻击。我们相信，开始时也有很多毛毛虫倔强，不肯把自己变成绿色，所以，被天敌吃掉了，而留下来的都是尽量去适应环境的。这就是适者生存。作为人类，我们更应该懂得适者生存的道理。

　　在还没有发明鞋子以前，人们都赤着脚走路，不得不忍受着脚被扎被磨的痛苦。某个国家，有位大臣为了取悦国王，把国王所有的房间都铺上了牛皮，国王踩在牛皮地毯上，感觉双脚舒服极了。为了让自己无论走到哪里都感到舒服，国王下令，把全国各地的路都铺上牛皮。众大臣听了国王的话都一筹莫展，知道这实在比登天还难。即便杀尽国内所有的牛，也凑不到足够的牛皮来铺路，而且由此花费的金钱、动用的人力更不知有多少。正在大臣们绞尽脑汁想如何劝说国王改变主意时，一个聪明的大臣建议说：大王可以试着用牛皮将脚包起来，再拴上一条绳子捆紧，大王的脚就不会忍受痛苦了。国王听了很惊讶，便收回命令，采纳了建议，于是，鞋子就这样发明了出来。

　　把全国的所有道路都铺上牛皮，这办法虽然可以使国王的脚舒服，但毕竟是一个劳民伤财的笨办法。那个大臣是聪明的，改变自己的脚，比用牛皮把全国的道路都铺上要容易得多。按照第二种办法，只要一小块牛皮，就和将整个世界都用牛皮铺垫起来的效果一样了。许多时候，我们应该改变自己来适应环境。

现实生活中，我们常常感到周围环境不尽如人意：自然条件的恶劣，人与人之间的相互倾轧，工作压力太大，报酬太低……面对这种种烦恼，不少人整天抱怨生活待自己太薄，牢骚满腹，怨天尤人。其实，静下心来想一想，就会明白，即使是皇帝，也没有能力让周围的一切如他所愿。对周围的环境，我们可以想办法来改变它，将现实中不令人满意的成分降低到最低限度。但改变环境是很困难的，这时候，我们应该通过改变自己来适应环境。山不过来，我就过去。路还是原来的路，境遇还是原来的境遇，而我们的选择灵活了，路和境遇所给予我们的感受也就截然不同了。

如果你希望看到环境改变，那么首先改变自己吧，改变自己固有的思维模式，换一个角度看问题，会让你有"柳暗花明又一村"的感觉。

33. 识破生活中的小人

【原文】

天之小人，人之君子；人之君子，天之小人也。

——《庄子·大宗师》

【译文】

大自然的小人就是人世间的君子；人世间的君子就是大自然的小人。

【处世哲学】

《庄子·德充符》中有一个"子产惭愧"的故事。

申徒嘉是个被砍掉了一只脚的人，跟郑国的子产同为伯昏无人的门徒。

有一次，子产和申徒嘉同时来到师傅的家里。子产很看不起申徒嘉。子产对申徒嘉说："我先出去那么你就留下，你先出去那么我就留下。"

次日，子产和申徒嘉又不期而遇。子产又对申徒嘉说："我先出去那么你就留下，你先出去那么我就留下。现在我将出去，你可以留下吗，抑或是不留下呢？你见了我这执掌政务的大官却不知道回避，你把自己看得跟我这个执政的大臣一样吗？"言语中，子产带着一种高傲的情绪。

申徒嘉反驳道："你已经是执政大臣了，为什么还拜在伯昏无人先生的门下呢？你津津乐道执政大臣的地位把别人都不放在眼里吗？我听先生说过：'镜子保持明亮，尘垢就不会沾染在上面；尘垢落在上面，镜子也就不会明亮。长久和贤人在一起就不会有过错。'（'鉴明则尘垢不止，止则不明也。久与贤人处则无过。'）你拜师从学追求广博精深的见识，正是先生所倡导的大道。而你竟说出这样的话，不觉得自己惭愧吗！"

子产说："你已经被砍掉了一只脚，还要跟唐尧争比善心，你估量你的德行，受过断足之刑还不足以使你有所反省吗？"

申徒嘉道："为自己的不幸辩解的人很多，为自己的不幸不辩解的人很少。用完整的双脚笑话我残缺不全的人很多，我常常脸色陡变怒气填胸；可是只要来到伯昏无人先生的寓所，我便又恢复到正常了。我跟随先生十九年了，可是先生从不曾感到我是个断了脚的人。如今你跟我为同门，而你却以貌取人，岂不让真正有修养的人笑掉大牙？"

听了申徒嘉一席话，子产深感惭愧，脸色顿改而恭敬地说："你不要再说下去了！"

你看，子产是个大官，君子也。申徒嘉是个贱民，小人也。但是君子在小人面前自惭形秽，不好意思再说了，为什么？因为君子心虚。

《庄子·盗跖》中说："小人殉财，君子殉名，其所以变其情、易其性则异矣；乃至于弃其所为而殉其所不为，则一也。故曰：无为小人，反殉而天；无为君子，从天之理。"意思是说，'小人为财而死，君子为名献身。然而他们变换真情、更改本性的原因，却不相同；而竟至舍弃该做的事而不惜生命地追逐不该寻求的东西，那是同一样的。所以说，不要去做小人，反过来追寻你自己的天性；不要去做君子，而顺从自然的规律。

柔被正者利用，则正者更正，为天下所敬佩。正者之柔，往往是为人宽怀，不露锋芒，忍人所不能忍。柔被小人利用，可以博得人同情。小人之柔很少有害，往往是小人寻找保护的一个护身符。

小人往往欺下罔上，无恶不作。在强者面前奴颜卑膝，阿谀奉承，在弱者面前却盛气凌人，横行霸道，他们以柔来掩盖真实的丑恶嘴脸，让人看不到他的阴险毒辣，然后趁你不注意时狠狠地捅你一刀。这才是最可怕的。

严嵩是一代奸相，可谓赫赫有名，恐怕要永留大名于"青史"了，但是他奸得确实很有水平，把皇帝玩得团团转。奸贼在皇帝面前往往是以忠臣的面孔出现的，总是显得比谁都忠于皇上，忠于天朝；而在皇帝背后却欺凌百姓，恶名昭著。

正是这种人才善于耍手腕，以他的所谓柔来战胜对手，达到他不可告人的目的。他们往往长于不动声色，老谋深算，满肚子鬼胎，对手往往来不及防备便遭到暗算。

一位伟人说过："世上最可靠的是人，最不可靠的也是人。"最可靠的是指君子，最不可靠的则是指小人。可是，人们却常常发现这样一种怪现象：越是小人越走运，许多小人可能正是你顶头上司的亲信和心腹，自古以来就是如此。

俗话说"世上没有无缘无故的爱，也没有无缘无故的恨"，这小人能受恩典，得人呵护，屡创"辉煌"，之所以令你厌恶又无法摆脱，那是因为小人自有其独特的"可爱可亲"之处。

孙子曰："胜兵先胜而后求战，败兵先战而后求胜。"（《孙子兵法·形篇》）你要想成功地管住小人，首先就要防止被小人所害，就必须了解小人招人喜爱的"高着妙策"，归纳起来看，主要有以下几个方面：

1. 会笼络人心。你可不要被其加了糖的麻醉剂弄得放松了应有的警惕。比如在午餐时，你可以与小人聊一些无关痛痒的家长里短、琴棋书画。不要让小人牵着你的话头走。如果他发牢骚抱怨公司的各种弊端，或是议论别人的长短，即使与你心里所想非常合拍，你也千万不能随声附和，这时你最好把话题岔开。否则，日后这些话就会被他添油加醋地传出去，说成是你的意见，那你可真是"哑巴吃黄连——有苦说不出"。

2. 善传情。这种人开口便是大哥大姐，叫得又自然又亲热，也不管和你认识多久；除此之外，还特别善于恭维你，拍你的马屁，把你哄得浑身麻酥酥的。小人的情感神经发达，演艺精湛。只要用得着你，哪怕"不共戴天"也能恨在心头，笑在眉头，颂在嘴头，不惜偕妻挚雏，全家效忠，并搭上一把鼻涕一把泪。如此假戏真演，可以说，达到相当高的程度，往往铁打的心肠乃至"扛过抢、渡过江"的汉子也心软骨酥。怪不得有人感叹：英雄难过小人关！

3. 能办事。凡是你想到的他都能替你办到，没有想到的也能替你想到办到。电视剧《宰相刘罗锅》里那个和珅，就是这样一个精于领会"领导意图"的小人典型。有人专门揣摩上司的饮食起居、喜怒哀乐，以便投其所好，按需办事；贪杯的就让你一日三餐困着桌子转，嗜赌的便让你昏天黑地围着骰子转，恋色的则让你24小时围着裙子转……反正只要能博得上司高兴，刀山敢上，火海敢跳，管它什么合理不合理、合法不合法，反正天塌下来自有你这杆大旗顶着呢！

4. 精算计。小人特别会盘算：花的是公家的票子，换来的是个人的面子，不花白不花，选定的往往是逢年过节、婚丧嫁娶的日子。打出的是"人情往来"的牌子，良辰吉日，名正言顺，花了也没事。如此这般，名目繁多，行情看长，一些公司便接纳不暇，消受不尽。结果不知不觉中亏了公司肥了自己。

5. 擅抬轿。铁打的衙门流水的官。新官上任，椅未坐热，脚没站稳，很需要帮手，更需随声附和的吹鼓手，小人投其所好，正中此怀。所以，每当新旧交替之际，他们都能"平稳过渡"，即使上司之间发生"地震"鱼死网破，他也能在夹缝中"游刃有余"。尽管居心叵侧，但不露丝毫破绽，硬是打点得方方面面眉开眼笑。

小人身上的一切，在某些喜欢此道的领导眼里，自然是一块可享用的臭豆腐。这也是你不得不面对小人的真正原因所在。因为你若想动一动小人，自有能够管你之人替他说话，令你无法下手。

在生活和工作中，不要忽视小人，更不要得罪小人。小人可能帮不上你，但是他能坏你的事。如果一不小心得罪了那些小人，他们可能会处心积虑地对付你。甚至不把你里于死地而不甘心。所以，不要轻易得罪那些人，说不定有一天，你心目中的"小人"会在你的关键时刻成为形响你的前程和命运的"大人"。

所以，不论是否愿意、是否高兴，在管人的过程中总得面对小人的"张牙舞爪"，面对小人的阿谀奉承。英雄必须学会过小人这一关。

34. 笑对人生世象

【原文】

死生，命也，其有夜且之常，天也。

——《庄子·大宗师》

【译文】

死和生均非人为之力所能安排，犹如黑夜和白天交替那样永恒地变化，完全出于自然。

【处世哲学】

养生是为了求长寿，追求功名财富也是为了享受有限的人生。但有一点，任何人都无法避免，那就是死亡。正所谓："生不带来，死不带去。"那人生最终岂不都是一个悲剧。所以，不把生死悟透，就永远不知道人生意义的要旨所在。

这点或许庄子的哲学会给我们不少启示。

《庄子·至乐》中讲，有一次，庄子到楚国去，路上碰见一具空髑髅，庄子用马鞭敲着髑髅问："你是因为违背天理而死的吗？还是国破家亡，遭到刀斧之刑了呢？是自己做了不善的事，有愧于父母妻子而自尽的么？还是因为贫穷冻饿而死呢？或是寿终正寝呢？"说完，庄子就忱着髑髅睡着了。

熟睡之中，庄子做了一个梦，梦中髑髅对庄子说："听你说话是位能言善辩的人，不过，你说的都是活着的人的负担，死了之后便不存在这些问题了，你想听听死人怎么说吗？"

庄子说："洗耳恭听。"

骷髅说"人死后，上无君下无臣，也无须为生活而奔忙，轻轻松松地地以天地为春秋，快乐无比，即使南面称王的乐趣也比不上哩!"

　　庄子将信将疑，道："我让掌管生死的鬼神恢复你的形貌，归还你的骨肉肌肤，送还你的父母妻子和朋友乡亲，你意下如何?"

　　髑髅听后很不快，紧锁眉头说："我怎么会放弃比南面称王还快乐的事而再次去到人间受罪呢?"

　　在这个故事中，庄子把死亡描绘成一种很快乐的事。死比生还逍遥，这样我们还有什么理由惧怕死亡呢?

　　无论是哪个民族的传统，出生和死亡都是生活中重要的事件，因此有一系列的仪式迎接生命的到来，礼送生命的结束。即使在21世纪的今天也是如此。可是庄子不同，基于自己对于生死的理解，他对于这些仪式给予了足够的蔑视。庄子对待死和生是一种"齐一生死"的思想，即生和死是一样，因而死不值得可怕。

　　《庄子·至乐》中讲，庄子妻子离开人世的时候，惠子前去吊唁。见庄子叉腿坐在地上，一边敲打着瓦盆一边唱歌。惠子实在气愤，就说："你老伴和你生活了一辈子，为你生儿育女，孩子大了，她也老迈了。现在她死了，你不哭也就罢了，却还要敲着盆唱歌，这也太过分了吧!"

　　庄子见惠子来了，毕竟是一番好意，就委婉地给他讲道理："不对哩。她刚死的时候，我咋能不动感情呢? 但想了想，原来人间并没有她这个生命存在呀! 不仅没有生命，而且也没有形体，不但没有形体，而且也看不到形体的物质元素'气'，气原来是混杂在冥冥之中的，变化而成气，气又变化而成形，形又转化为生命。现在她又由生转化到死，这不是和春夏秋冬的四季交替一样吗? 她的尸体现在还躺在天地之间，而我却呜呜地围着她啼哭，自以为这是没有真正理解生命现象，所以也就停止了哭泣。"从这个"鼓盆而歌"的故事中，可见庄子对于生死是看得比较透彻的。

能否做到精神生命的逍遥，一个首要的条件就是消解对死的焦虑，而打消死亡焦虑的一种特效良方就是建立像庄子那样随缘乘化的循环生命观。而且与"庄子妻死"的一段相比，万物一体和生死如春夏秋冬四季交替的意识表达得更加明确，是庄子自己面临死亡时的超然态度。

《庄子·列御寇》记载：庄子快要死的时候，他的弟子们准备厚葬老师。庄子用幽默的口气说："我死了以后，天地就是我的棺椁，日月就是我的连璧，星辰就是我的珠宝玉器，天地万物都是我的陪葬品，我的葬具难道还不丰富吗！"

庄子这么一说，弄得学生们哭笑不得，只好说："老师啊！要那样的话，我们还不是怕乌鸦老鹰把老师吃了？"

庄子说："埋在野地里你们怕乌鸦老鹰吃了我，那埋在地下就不怕蚂蚁吃了我吗？你们把我从乌鸦老鹰嘴里抢走送给蚂蚁，这不是给蚂蚁送吃吗？你们对蚂蚁真是太好了。"在庄子眼里，死亡并不是一件可怕的事情，它是向天地的回归，与日月、星辰、万物等合为一体。在这样的理解之下，人间的所谓陪葬的厚薄又算得了什么呢？而既然是一体，当然也就没有乌鸦老鹰或者蝼蚁的区别。这是真正的达观，"达"代表着通，自己和天地万物的通为一体。

庄子是中国历史上有名的哲学家，也可称得上是道家除老子之外的第二号人物，对生与死的解读很透彻。人一旦看透生死，那就没有什么不放心的，齐生死，宽心胸，心宽意大，人生活得就更加自如，这才是庄子的绝顶智慧之处啊！

关于庄子的生死论，西方的哲学家也发出了几乎相同的声音。德国人布洛赫在《死亡研究之旅》中说："人们会避开最后的恐惧吗？其实这根本谈不上恐惧。如果一个健全的人临终绝望，有时竟会产生完全不同的感觉。恐惧一变而为罕见的好奇，换句话说，以知道死亡对自身作用为乐事。因为死亡本身是一场固有的巨大变革，它会令人产生激情。上述好奇之心把徐徐落下的一幕，一变而为慢慢开启的幕布。"

世上万事万物都有始有终，生是我们的开始，死是我们的结束。死亡是生命最后一个过程，有它的存在，生命才得以完整。

生老病死是生命进程中的必然规律。既然死亡无法避免，那么就让我们把死亡当做伴侣，永远不要害怕面对它。很多人惧怕死亡，事实上他们也从来没有真正痛快地生活过。我们只能对这样的人表示同情，这些人无法了解死亡的存在。

看透生与死，笑对人生世象，我们才能更好地享受人生。

35. 沉住气，才能成大器

【原文】

喜怒通四时，与物有宜而莫知其极。

——《庄子·大宗师》

【译文】

高兴或愤怒跟四时更替一样自然无饰，和外界事物合宜相称而没有谁能探测到他精神世界的真谛。

【处世哲学】

庄子认为遇事应沉住气，心平气和的自然处之，切莫心浮气躁，这才是有智慧的人。

一位老僧坐在路旁，双目紧闭，盘着双腿，两手握在衣襟之下，陷入沉思。突然，他的冥思被打断。打断他的是将军嘶哑而恳求的声音："老头！告诉我什么是天堂！什么是地狱！"

老僧毫无反应，好像什么也没听到。但他渐渐地睁开双眼，嘴角露出一丝微笑。将军站在旁边，迫不及待，有如热锅上的蚂蚁。

"你想知道天堂和地狱的秘密？"老僧说道，"你这等粗野之人，手脚沾满污泥，头发蓬乱，胡须肮脏，剑上铁锈斑斑，一看就知道没有好好保管，你这等丑陋的家伙，你娘把你打扮得像个小丑，你还来问我天堂和地狱的秘密？"

将军狠狠地骂了一句。"刷"地拔出剑来，举到老僧头上。他满脸血红脖子上青筋暴露，就要砍下老僧的人头。利剑将要落下，老僧忽然轻轻地说道："这就是地狱。"

霎时，将军惊愕不已，肃然起敬，对眼前这个敢以生命来教导他的老僧充满怜悯和爱意。他的剑停在半空，他的眼里噙满了感激的泪水。

"这就是天堂。"老僧说道。

老僧的确能够沉得住气，在自己生命遇到危险时，依然能够平心静气地面对，所以，他制服了那个不可一世的将军。试想一下，如果老僧沉不住气，与将军争执起来，或者对其不屑一顾，其结果会是怎样呢？

庄子说："喜怒通四时，与物有宜而莫知其极。"因为只有看透别人的内心，才能最有针对性地攻其心，而被人看透内心则比被人抓住命根子还要可怕，还要恐怖，犹如被抓住牛鼻子一样陷入被动，只能听命于人，受制于人了。

这正如喝酒，真醉和装醉是完全不同的两种情况，愚者和装愚者是截然相异的两种人。玩"醉拳"的，是"形醉而神不醉"，"醉"是"醉"在"虚"处，是迷惑对手，而"拳"却击在"实"处，招招乃致命杀手。装愚的，是"外愚而内不愚"，"愚"是"愚"在皮毛小事，不涉宏旨，无关大局，而"精"却"精"在节骨眼上，事关一生命运。

所以，绝顶聪明的人不喜欢显露自己的聪明，以免让别人窥视到自己的真实意图；相反，他们更多的时候是卖傻装憨，揣着明白装糊涂，不让别人看透内心。

"世事沧桑心事定，胸中海岳梦中飞"。（梁启超赠冰心语）世界上虽沧桑变化，我心事定，无论你怎么变化，我心里有数。的确如此，古今中外，凡是伟人，定有遇事不慌，沉着冷静的特点，也只有这样，他们才能正确地判断局势，应变局势，取得成就。

1962 年古巴导弹危机将整个世界拖到了爆发核战争的边缘。苏联在赫鲁晓夫的领导下，开始在古巴装备核导弹，那里距离美国本土只有90英里。美国总统肯尼迪随即宣布要对古巴实施海上封锁。假如苏联当时接受这一挑战，此次危机很有可能升级为超级大国之间的一场战争。肯尼迪估计，发生这种情况的概率"介于13%～15%之间"。不过，经过几天的公开表态和秘密谈判，赫鲁晓夫最后还是决定避免正面冲突。

为了挽回赫鲁晓夫的面子，美国做了一些妥协，包括最终从土耳其撤走美国导弹。作为回报，赫鲁晓夫则下令拆除苏联在古巴装备的导弹，并且装运回国。

在这场剑拔弩张，令全世界的人的心悬到嗓子眼里的较量中，肯尼迪以其果断、坚韧，以其强大的心力，赢得了胜利。

其实，在那些日子里，肯尼迪紧张得几乎崩溃，如果赫鲁晓夫不肯退让，一场核战争似乎不可避免，其恶果简直无法想像。

沉住气的心态往往是成功的必要因素。一般来说，人们只要不是处在激怒、疯狂的状况下，都能保持自制并做出正确的决定。健康、正常的情绪，不仅平时给生活带来幸福、稳定、畅快，而且能在大难临头时，帮助你逢凶化吉，转危为安。

反之，急躁的性格常能使人毁于一旦，在平常状况下，大部分人都能控制自己的性格，也能作正确的决定。但是，一旦事态紧急，他们就自乱脚步，而无法把持自己。

1936年9月7日，世界台球冠军争夺赛在纽约举行。路易斯·福克斯的得分一路遥遥领先，只要再得几分便可稳拿冠军了。

就在这个时候，他发现一只苍蝇落在主球上，他挥手将苍蝇赶走。可是，当他俯身击球的时候，那只苍蝇又飞回到主球上，他在观众的笑声中再一次起身驱赶苍蝇。

这只讨厌的苍蝇破坏了他的情绪。而且更为糟糕的是，苍蝇好像是有意跟他作对，他一回到球台，它就又飞回到主球上来，引得周围的观众哈哈大笑。

路易斯·福克斯的情绪恶劣到了极点，他终于失去了理智，愤怒地用球杆去击苍蝇，球杆碰到了主球，裁判判他击球，他因此丢失了一轮机会。路易斯·福克斯方寸大乱，连连失利，而他的对手约翰·迪瑞则愈战愈勇，终于赶上并超过了他，最后拿走了桂冠。

在危机发生的时刻，让自己保持头脑的清醒，才能在电光火石的瞬间看出对方的破绽或问题的要害，从而怎找出破解之法。

怎样才能做到遇事沉着冷静，而不乱方寸呢？

1. 保持冷静的头脑首先要相信自己的头脑，不要由于缺乏必须的力量，就否定一个可能的观念或构想。反之，你要执著于构想，克服各种难题。

2. 假如你在工作中遇到难题或必须完成的紧急任务，你不必焦急和烦恼，也不要急于求成，那样会乱了方寸。你首先应该稳住自己的情绪，使心情平静下来。然后要对情境和任务做冷静的分析并制订出必要的行动计划。这时你还可以做些松弛性的自我暗示："事情再难，再急，也必须一步一步去做，焦急是无济于事的，天塌下来也要顶住，一定能闯过难关，完成任务！"这样你就会松弛下来，把紧张驱散。排解难题或完成任务时，成功会成为良性刺激，使你得以进一步的松弛。

3. 当你工作中碰到不顺心的事情或受到挫折时，你必须学会调节和控制自己的情绪。首先，应当主动地压一压自己的怒气，迫使自己冷静下来。随后可向亲朋好友倾诉苦衷，从他们的劝告中求得支持和安慰。还可用理智去分析受挫的情境，找出发生问题的症结所在，相信问题总会圆满解决。切不可迁怒于人，哪怕是家人；也不可闷郁于心，负隅独愁。因为这样既不能解决问题，还会火上浇油，增加新的紧张因素，给他人平添紧张刺激，结果于己于人皆不利。

下 篇

36. 让心灵做一次快乐旅行

【原文】

其出不欣，其入不距；翛然而往，翛然而来而已矣。

——《庄子·大宗师》

【译文】

不为自己有幸来到这个世上而欣喜，不为自己离开这个世界而不推辞；只是无拘无束地就走了，自由自在地又来了而已。

【处世哲学】

庄子认为，主宰人们思想的是心灵。心灵上有了思想，然后才有生活的现实。心灵上的意象，深深地刻画在一个人的生命里，刻画在每个人的品格上。人的生活，实际上也就是不断地将心灵上的意象变为现实而已。

所以，宁愿让盗贼进入你的居室，窃去你最有价值的珍宝，劫夺走你的金银财物，也绝不可允许心灵上的敌人——混乱的思想、软弱的思想、恐惧的思想和嫉妒的思想——进入你的脑海，窃去你心中的恬静，盗走你心中的快乐与幸福。

快乐是一种什么样的心境呢？或者说快乐到底是什么样子呢？这个问题，也许很难说清楚。但有一点必须肯定，快乐是很主观的，一个人的快乐他人是看不见的，只有通过他的表现和行为举止才有所了解。一个人认为是快乐的事，而另一个却未必认为快乐。

有个顽皮鬼遇见了一位潜心修行的老和尚，顽皮鬼看老和尚一动不动地参佛，因此起了吓唬老和尚的念头，于是他变成一个无头鬼，飘到老和尚的面前。

老和尚看了他一眼，轻描淡写地说："真好，没有头就不会头痛了。"

顽皮鬼不服气，马上又变成一个没肚子的鬼，心想这次一定可以吓死老和尚。没想到老和尚仍是看了看，笑着说："没有肚子就不会肚子饿了，不必想该吃些什么，真是幸福啊！"

顽皮鬼非常生气，决定使出浑身解数。这一次，他变成一个满面青光、没有五官的鬼，他偏不信这样还吓不了老和尚。老和尚依旧不急不慢地说："没有耳朵，就听不见扰人的声音；没有眼睛，就看不见人间的丑陋；没有鼻子，就不会流鼻水；没有嘴巴，就不用辛苦地说话，你真是非常幸运呢！"

　　顽皮鬼再也没辙了，只好悻悻然地离去。

　　在我们身旁经常出现如顽皮鬼般的考验，如果我们也能像老和尚一样，凡事从乐观的角度来思考，生活就能简单快乐多了。

　　凡事从乐观的角度来思考并不是凡事只看好的一面，而是一种先让自己增加勇气，再去解决难题的方法。如果在遇到阻碍时，就先将自己置身于悲观的黑暗世界，那么怎么会有光源引导你一步步地去寻找明亮之处呢？

　　有时，我们应适当地放松一下我们的心灵，让它进行一次旅行，去感受生活给我们带来的快乐。

　　如果人人都能像小孩一样，没有心灵上的创伤和裂痕，始终保持着天真、快乐的天性，而将一切破坏性的、腐蚀性的思想拒之门外，那么我们生命中不必要的损害与消耗真不知道要减少多少。事实表明，在数小时中因忧虑悲伤所消耗的精力，竟要超过做几个星期苦工所耗的精力！

　　孩提时代，我们赤脚在乡间行走时，都会小心翼翼地避免踏在尖锐的石头上，以免使自己的脚底受伤，然而长大成人后，我们为什么竟然不懂得去防止仇恨、妒忌和自私来侵害我们的心灵呢？我们应尽力驱除那些心灵上的敌人，主动欢迎和接纳心灵上的朋友。

　　半杯水的故事相信大家都知道，乐观的人认为我还有半杯水，悲观的人半杯水了。同一事物，完全在于你看待它的态度。有的有的人因半杯水而悲哀，所以困惑人们的往往不是事物本身，而是看待事物的方式。

　　一群年轻人到处寻找快乐，却遇到许多烦恼、忧愁和痛苦。他们向苏格拉底这个希腊大哲学家请教，快乐到底在哪里？

苏格拉底说："你们还是先帮我造一条船吧！"

这帮年轻人暂时把寻找快乐的事儿放到一边，找来造船的工具，用了七七四十九天，锯倒了一棵又高又大的树，挖空树心，造出了一条独木船。

独木船下水了，他们把苏格拉底请上船，一边合力荡桨，一边齐声唱起歌来。苏格拉底问："孩子们，你们快乐吗？"

他们齐声回答："快乐极了！"

苏格拉底道："快乐就是这样，它往往在你为着一个明确的目的忙得无暇顾及其他的时候突然来访。"

男人说快乐就是三五知己聚在一起，大碗大碗地喝酒，大块大块地吃肉，大声大声地说说幽默，再打几个哈哈；女人说快乐就是知心的姐妹在一起，逛逛打折促销的商场，说说三姑六婆的趣事，再试上几件时尚、心爱的衣服。

或者，在女人的心目中男人那些快乐简直是庸俗，而在男人心目中女人那些快乐简直是莫名其妙。

可见，快乐是因人而异的。这世界上，没有绝对的快乐，也没有绝对的不快乐。当然，有一点肯定的就是，快乐必定是自己去创造的。它不是别人可以送给你，也不是用钱可以买得来，是靠自己用心地热爱生活，珍惜生命而体验出来的。如果是要倚赖别人给予的话，那就是你的悲哀了。

快乐纯粹是内在的，它的产生不是由于事物，而是由于人们的观点、思想和态度。肖伯纳说：如果我们可怜下去，很可能会一直感到可怜。在日常生活中，我们往往见到有人乐观，有人悲观。为何会这样？其实，外在的世界并没有什么不同，只是个人内在的处世态度不同罢了。

快乐是一种态度，它不分富贵贫穷，每个人都拥有一份快乐。只是有的人充分享受了快乐，有的人却没有拿出来享用或者根本不知道自己拥有快乐。

快乐是我们思想愉悦时的一种心理状态，快乐是健康与生存的必需品，快乐就在每天的生活中，我们应该学会享受生活，享受每天的快乐，充分地去体验、去感受生活中的一点一滴。快乐的心情就像一剂良药，而破碎的心却会吞噬骨髓。你快乐了，就会好好地工作，就可以更加成功；你快乐了，就可以更健康，就可以对人宽容仁慈。

37. 接受既成事实

【原文】

人之有所不得与，皆物之情也。

——《庄子·大宗师》

【译文】

有些事情人是不能按自己的意志来改变的，这就是万物之理。

【处世哲学】

庄子认为，事物有其自身的发展规律，非人所能为，因此，在不可变更的事实面前，人应该学会适应。

我们生活的时间轴是单向的，时间永远不可能重来。我们明明知道时光不能倒流，但在人生中，我们依然有太多不想接受的事实。什么叫事实？事实就是不依赖于你的主观愿望而客观存在的东西。对它来说，你喜欢，它存在，你不喜欢，它也存在。无论你是否喜欢，它会按照自己的规律存在。

在事实面前，人们往往变得非常渺小。面对不愿发生的事和不可避免的坏事情，用积极主动的心态去面对它，也可以让自己快乐地生活。

一位很有名气的心理学教师，一天给学生上课时拿出一只十分精美的咖啡杯，当学生们正在赞美这只杯子的独特造型时，教师故意装出失手的样子，咖啡杯掉在水泥地上成了碎片，这时学生中不断发出了惋惜声。

教师指着咖啡杯的碎片说："你们一定对这只杯子感到惋惜，可是这种惋惜也无法使咖啡杯再恢复原形。今后在你们的生活中发生了无可挽回的事时，请记住这破碎的咖啡杯。"

这是一堂很成功的素质教育课，学生们通过摔碎的咖啡杯懂得了，人在无法改变失败和不幸的厄运时，要学会接受它，适应它。如果我们不接受命运的安排，也不能改变事实分毫，我们惟一能改变的，只有自己。

在成长的岁月中，你我一定会碰到一些令人不快的人和事，它们既然是这样，就不可能是别的样子。但我们也可以有所选择。可以把它们当作一种不可避免的情况加以接受，并且适应，否则忧虑会毁了我们的生活，甚至最后可能会弄得精神崩溃。

　　比如，生活中，谁都会遇到令人不愉快的事：好不容易得到了上司的赏识，他却又调往别处；全力以赴做了投标书却因为最后一个数据没有核实而失去了机会……与其让这些无可挽回的事实破坏我们的情绪、毁坏我们的生活，还不如让自己对这些事情坦然接受，并加以适应。要记住，有些时候后悔是无济于事的，我们已经失去了很多，只要不再失去教训就行。

　　荷兰阿姆斯特丹市有一座15世纪的教堂遗迹，里面有这样一句让人过目不忘的题词："事必如此，别无选择。"

　　德国哲学家叔本华说过："能够顺从，就是你在踏上人生旅途中最主要的一件事。"

　　很显然，环境本身并不能给我们带来快乐或不快乐，只有我们对周围环境的反应才能决定我们的感觉。必要时我们都能忍受灾难的悲剧，甚至战胜它们。我们也许会以为我们办不到，但我们内在的力量却坚强得惊人，只要我们肯加以利用，就能帮助我们克服一切。

　　面对不可避免的事实，美国诗人惠特曼这样说："让我们学着像树木一样顺其自然，面对黑夜、风暴、饥饿、意外等挫折。"这不是逆来顺受，也不是不思进取，而是要一种积极的人生态度。接受事实，并不代表被事实压垮，如果事情是不可避免的，不可能再有任何转机，那么，为了保持我们的理智，让我们不要"左顾右盼，无事而忧。"

　　我们"无法改变"的事物大致上分为两类：

　　1. 我们无法改变"别人"，包括他的思想和看法。也许有人认为，我们能改变别人的说法，理所当然也能改变别人的思想。事实上，我们很难直接了解别人的想法，比如一朵花，也许你觉得漂亮，别人可能就会觉得它俗不可耐。

2. 我们无法改变"过去"。

生活中有很多后悔的人，他们经常发出"如果我当时那么做就好了"的感叹！但是，每个人都知道过去是谁也没法改变的。

人在无法改变不幸或不公的厄运时，要学会接受不可改变的现实，适应它。接受事实是克服任何不幸的第一步，即使我们不接受命运的安排，也不能改变事实分毫，我们惟一能改变的，只有自己。

因此，我们主张：尽力改变我们所能改变的部分；对于无法逃避的事实，我们惟一能做的，就是爽爽快快地去接受它。

已故的美国著名作家布斯·塔金顿（1869～1946）总是说："人生的任何事情，我都能忍受，只除了一样，就是瞎眼。那是我永远也无法忍受的。"

然而，在他60多岁的时候，他的视力减退，一只眼几乎全瞎了，另一只眼也快瞎了。他最害怕的事终于发生了。

塔金顿对此有什么反应呢？他自己也没想到他还能觉得非常开心。甚至还能运用他的幽默感。当那些最大的黑斑从他眼前晃过时，他却说："嘿，又是老黑斑爷爷来了，不知道今天这么好的天气，它要到哪里去？"

塔金顿完全失明后，他说："我发现我能承受我视力的丧失，就像一个人能承受别的事情一样。要是我五个感官全丧失了。我也知道我还能继续生活在我的思想里。"

为了恢复视力，塔金顿在一年之内做了12次手术，为他动手术的就是当地的眼科医生。他知道他无法逃避，所以惟一能减轻他受苦的办法，就是爽爽快快地去接受它。他拒绝住在单人病房，而住进大病房，和其他病人在一起，他努力让大家开心。

动手术时他尽力让自己去想他是多么幸运：多好呀，现代科技的发展，已经能够为像人眼这么纤细的东西做手术了。

一般人如果要忍受12次以上的手术和不见天日的生活，恐怕都会变成神经病了。可是这件事教会塔金顿如何忍受，这件事使他了解，给他的，没有一样是他能力所不及而不能忍受的。

接受现实，并不等于束手接受所有的不幸。只要有任何可以挽救的机会，我们就应该奋斗。但是，当我们发现形势已不能挽回时，我们最好就不要再思前想后，拒绝面对。要接受不可避免的事实，只有如此，才能在人生的道路上掌握好平衡。我们每个人迟早要学会这个道理，那就是我们只有接受并配合不可改变的事实。

如果你不想被残酷的现实击倒，请记住：先接受无法改变的事实。

38.　不要把精力耗费在小事上

【原文】

至人之用心若镜，不将不迎，应而不藏，故能胜物而不伤。

——《庄子·应帝王》

【译文】

修养高尚的"至人"，用心就像一面镜子，对于外物是来者即照，去者不留，如实反映而无所隐藏，所以能够反映外物而又不因此损心劳神。

【处世哲学】

庄子认为，形体劳累而不休息那么就会疲乏不堪，精力使用过度而不止歇那么就会元气劳损，元气劳损就会精力枯竭。

庄子还说潜心地体验真源而且永不休止，自由自在地游乐而不留下踪迹；任其所能禀承自然，从不表露也从不自得，也就心境清虚淡泊而无所求罢了。

生命太短促了，哪容得我们再把精力耗费在一些小事上。

想克服由一些小事情所引起的困扰，只要把自己的看法和重点转移一下，我们常能得到一个新的、令自己开心一点的看法。

我们许多人都能很勇敢地面对生活里那些大的危机，但有时却被那些小事情搞得垂头丧气。

二战期间，有一天，摩尔和他的战友所在的潜水艇被日本舰队瞄上了。对方的火力很猛，硬拼肯定不行。为了保存实力，他们只好把潜水艇降到了深处。为了保持绝对静默，他们关了所有的电扇、整个冷却系统和所有的发电机。

几分钟后，突然天崩地裂，几枚深水炸弹在他们四周爆炸开来，摩尔吓得几乎无法呼吸："这回死定了。"电扇和冷却系统都关闭之后，潜水艇的温度一下子升得很高，可是他怕得全身发抖。他的牙齿不停地打颤，不得不又多穿件衣服。攻击持续了 15 个小时之久，这 15 个小时的攻击，感觉上就像持续了 1500 年。过去的生活——浮现在眼前，摩尔脑海里闪现出了以前做过的许多错事：他曾经为一些毫无根据的小事而担心。他曾是一个银行职员，曾经为工作时间太长、薪水太少、没有升迁机会而发愁。自己曾经因为没有办法买房子，没钱买部新车，没钱给太太买漂亮的衣服而忧虑。自己非常讨厌老爱找麻烦的老板。摩尔还记得，每晚回到家的时候，自己总是感到又累又难过，常常跟太太为一些鸡毛蒜皮的小事吵架。他甚至为额头上因车祸留下的伤疤而陷入极度的忧虑。几年前，那些让人发愁的事在他看起来都是大事，但是和这生死攸关的 15 个小时比起来，这些事情又是多么的微不足道。

就在那时候，摩尔答应自己，如果还有机会再看一眼太阳和星星的话，自己永远永远不会再忧虑了，永远不会！永远也不会！在潜水艇里面那 15 个可怕的小时里，他领悟到的，比自己在大学念了 4 年书所学到的东西要多得何止上千倍。

哈伯德上将在环境恶劣的极地发现一个现象：他的手下能够毫不埋怨地面对危险而艰苦的工作，却有些人在为一些琐事而整天计较。哈伯德上将说："我知道有好几个同室的人彼此不讲话，因为怀疑对方把东西乱放，占了他们自己的地方。我还知道，队上有一个讲究所谓空腹进食、细嚼慢咽的家伙，每口食物一定要嚼过 28次才吞下去；而另外有一个人，一定要在大厅里找到一个看不见这家伙的位子坐着，才能吃得下饭。"

"在南极的营地里，"哈伯德上将说，"像这类的小事情，都可能把最富有训练经验的人逼疯。"

当然，哈伯德上将在这里还可以加上一句话："小事"如果发生在夫妻间的家庭生活中，搞不好也会把人逼疯。

芝加哥的约瑟夫法官在裁判过4万多件不愉快的婚姻案件之后说道：婚姻生活之所以不美满，最基本的原因通常都是一些鸡毛蒜皮的小事情造成的。

罗斯福和他夫人刚结婚不久，她的夫人天天都在烦闷，因为她的新厨师做饭做得很差。"假如事情发生在现在，"罗斯福夫人说，"我就会耸耸肩膀把这事给忘了。"好极了，这才是一个成年人的做法。就连凯瑟琳这个最专制的女皇，在厨师不小心把肉烤焦的时候，通常也只是一笑置之。

伦琴曾到芝加哥一个朋友家里吃饭。配餐的时候，他有些小事情没有做对。大家当时没有注意到，就算注意到，也不会在乎的。可是他太太看见了，马上当着众人的面跳起来指责他。"伦琴"，她大声叫道，"看看你做了什么法难道你就永远也学不会如何配餐吗？"

然后她对众人说："他老是犯错，根本不专心。"伦琴事后说："可能他确实如此，但是他的朋友仍然佩服他能够跟他太太相处20年之久。其实，许多丈夫情愿只吃一两个抹上芥末的热狗——只要能吃得很舒服——而不愿一面听妻子唠叨，一面吃烤鸭和鱼翅。"

大家都知道在法律上的一条格言："法律不会去管那些小事情。"一个人总不该为一些小事斤斤计较、忧心忡忡，如果他希望求得心理上的平静、快乐的话。

很多时间，要想克服由一些小事情所引起的困扰，只需将你的注意力的重点转移开来，给自己设定一个新的、能使你开心一点的看问题的角度与方法，就可以了。

写过几本专著的专家荷马先生为我们举了一个如何克服小事惹来的烦恼的好例子。

他原来在纽约一家公寓里创作自己的文学作品时，常被公寓热水器的响声吵得几乎要发疯。蒸汽有时突然会砰然作响，然后又是一阵刺耳的声音，而他会坐在书桌前气得直叫。

有一次，他同几个朋友一起出去野营。听到木柴烧得很响时，他突然想到：这些声音多么像热水器的响声，为什么我会喜欢这个声音，而讨厌那个声音呢？他回到家以后，对自己说："火堆里木头的爆裂声，是一种很好听的声音，热水器的声音也差不多，我该埋头大睡，不去理会这些噪音。"结果，他果然做到了。"头几天我还会注意热水器的声音，可是不久我就把它们整个地忘了。"他说道。

其他很多的小忧虑又何尝不是如此，我们由于讨厌它们，而把自己搞得心力交瘁，多是因为我们过分渲染了那些小事对自己的重要性。

基朴林和他的妻弟莱斯蒂尔是好朋友，他们一起工作，一起娱乐。一次，基朴林从莱斯蒂尔手里买了一些地，协议中说莱斯蒂尔可以每一季在那块地上割草。有一天，莱斯蒂尔发现基普林在那片草地上建了一个花园，他生起气来，暴跳如雷，基普林也反唇相讥，佛蒙特被他们闹了个天昏地暗。

数天之后，基朴林骑着他的脚踏车出去玩的时候，他的妻弟突然驾着一部马车从路的那边转了过来，逼得基朴林从车上摔了下来。基朴林——这位曾经写过"众人皆醉，你应独醒"的人却也昏了头，告到法院，把莱斯蒂尔抓了起来。接下来是一场很热闹的官司，大城市里的记者都挤到这个小镇上来，新闻传遍了全世界。最后，这一切使得基朴林和他的妻子永远离开了他们在美国的家。要知道，这一变故的原因，只不过为了一件很小的事。

生活是这样变幻莫测的职场也是这样，尤其是作为一个公司或企业的管理者，更不能把心思重点放在细枝末节的小事上。

在复杂的现实领导办事活动中，现代领导如何实现"只管两头不管中间"的领导方法呢？法国著名领导和管理学家法约尔提出：领导办事不要在工作细节上耗费精力，对于具体细节问题，应放手让下属去做。领导大包大揽，不仅可能处置不当，而且会耽误对重大事情的解决。当然领导在抓大事的同时也应保持对小事的了解。日本镰田胜认为，面对纷繁复杂的问题，领导应该首先找出属于自己职责范围的问题，进行分类整理，然后按照轻重缓急的顺序一件一件地去处理。

里根是一位优秀的国家领导人，也是一位办事精明的家伙。在美国，即使不支持他的人也会承认，他在任总统期间取得了显著成就。里根的做事原则简单明了，其突出特点是精于决策，善于组织人才去实施决策。

里根认为，他的作用是为政府指明方向的，而不是一个不放手的经理人或谋士，他的日常工作都交给下属去办，而把自己的注意力集中在一些重大问题上，这是里根取得成功的要领之一。

里根从不过问事情细节，但在重大事情上，他注重得到据以作出正确决策的足够信息。在每一个重要决策前，他都要求内阁秘书办公室为其准备一份两三页的备忘录，概要列出各种选择及其利弊，并详细说明那些内阁成员和高级助手力主采取哪些方案，有关机关还准备了内容较详细的文件，里根对这些文件一一仔细阅读并熟记，随时召集有关人员开会，对问题进行辩论。他听取激烈争论的不同意见有极大的耐心。就这样，里根依赖工作人员的分析，加上自己的判断力作出决策，关键时刻还站出来向国会和选民发出呼吁，并提出某项计划的战略意见，以便求得支持。

里根使他的设想成为现实计划的第一步，是竭尽全力物色恰当的人员来辅助他。他曾对美国《幸福》杂志记者说："让那些你能够物色到的最出色的人在你身边工作，授予他们权力，只要你制定的政策在得到执行就不要去干涉。"他对自己的职责有明确的设想，但也经常地、手段巧妙地作出妥协，避免纠缠枝节问题。

里根之所以成为一位优秀的领导人，就在于他深谙领导办事之要义。正如尼克松指出的，"领导代表未来，代表方向"，而"管理只代表今天，代表过程"。领导者不仅要正确决定什么是应该干的事，而且还要说服他人去干这件事。可见，领导者办事应当管而且必须亲自管的是决策和推动他人去实施决策，而不是在办事上事必躬亲。

当今世界，由于科学技术的革命，社会化大生产的高度发展，即高度发展的生产社会化、科学一体化，领导者面临着许多新情况、新问题，如决策目标规模大、结构复杂、功能多样、变化迅速；决策所依据的信息量大而多变，具有极大的不确定性即新颖性、模糊性、随机性，要求领导者具有更敏锐的统率全局的能力，来制定出未来战略性的决策目标，至于决策的实施，则应放手由下属即执行人员去具体执行，因为"真正的领导者不是事必躬亲，而在于他要指出路来"（美国管理学家 H·米勒语）。而当好"指路人"的关键就在于集中精力办大事，大事精明，方向才能明确。

领导者需要集中精力办的大事是决策的制定和推动决策的实施。而礼仪性的迎来送往、事务性的日常活动、操作性的规章程序等等，只要不是与组织的大政方针直接相关的一切事情，对领导者而言都是"琐事"，都应尽量避免亲自处理、亲自裁决，不能因琐事而干扰领导者对大事的全局性把握和决策。同时，为了保证决策的正确性和取得预期效果，发布推动决策执行的指令、学习、调查和思考，也是领导者必须亲躬的大事。

需要注意的是，不在工作细节上耗费精力并不是说不注意细节。一个人的精力和时间总是不够用的。作为一个领导应该事事都了解，但他又不能对什么事都去研究、都去解决。领导不应因为关心小事而忽视了重大事情。工作组织得好，就能使领导做到这一点。

39. 凡事要想得开

【原文】

汝游心于淡，合气于漠，顺物自然而无容私焉，而天下治矣。

——《庄子·应帝王》

【译文】

你如果能够保持本性，无所修饰的心境，交合形气于清静无为的方域，顺其自然而没有任何的偏私，天下就可以治理好了。

【处世哲学】

庄子认为，恬淡、寂漠、虚空、无为，这是天地赖以均衡的基准，而且是道德修养的最高境界。如果想治理天下，就必须使自己清幽恬淡。做人也应如此，只有保持恬淡的心态和乐观的态度才能更好地做事。

有一个故事，说的是从前有一个人提着网去打鱼，不巧这时下起了大雨，他一赌气将网撕破了。网撕破了还不够，又因气恼一头栽进了池塘，再也没有爬上来。

很多人想，世上哪有这样的傻子，这一定是个哄人的故事。下雨不能打鱼，等天晴就是了。但现实中，确实有很多想不开的人。他们让一场雨下进自己的灵魂里，一滴水久久不能蒸发，从而输掉青春、爱情、可能的辉煌和一伸手就能摘到的幸福。

庄子说，悲哀和欢乐乃是背离德行的邪妄，喜悦和愤怒乃是违反大道的罪过，喜好和憎恶乃是忘却真性的过失。因此内心不忧不乐境界；是德行的最高境界；持守专一而没有变化，是寂静的最高境界；不与任何外物相抵触，是虚豁的最高境界；不跟外物交往，是恬淡的最高境界；不与任何事物相违逆，是精粹的最高境界。

所以说，纯净精粹而不混杂，静寂持守而不改变，恬淡而又无为，运动则顺应自然而行，这就是养神的道理。

两个水手因为船只失事而流落到一个荒岛。

甲水手一上岸就愁眉苦脸，担心荒岛上有没有充饥之物、落脚之处。乙水手一上岸就为自己将要开始一段新的生活而欢呼。

两个人在荒岛上找到一个洞口，乙水手为今晚可以睡一个好觉而庆幸，甲水手却担心洞里面是否有怪兽。乙水手安然入睡，甲水手辗转难眠，不知道明天怎么度过。

上帝可怜两个水手，竟然让他们在荒岛上意外的发现一袋粮食。乙水手高兴得手舞足蹈，而甲水手担心怎么把生米煮成熟饭，煮出来的饭是否咽得下。岛上没有淡水喝，他们不得不喝海水。乙说："喝淡水喝惯了，喝喝海水换换口味。"而甲水手极不情愿地把海水咽下，怨声载道。

每吃完一顿饭，乙水手总是很满足地说："又过了一天。"而甲水手总是叹气："唉，假如粮食吃完了该怎么办呢？"粮食一天一天地减少，终于被他们吃完了。荒岛上还有些野果，他们把它采摘回来。乙水手说："运气真好。竟然还有水果吃。"甲水手哭丧着脸说："从来没有这么倒霉过。上帝不要我活了，竟然要吃这样的野果。"

终于野果也吃完了，他们再也找不到其他可以吃的东西了，只好挨饿。为了保持力气，他们只好躺在洞里休息。乙水手说："想不到我竟然什么也不要做还可以睡觉。"甲水手绝望地说："死亡离我们越来越近了。"

最后一刻，他们都坚持不住了。乙水手说："终于可以抛开一切烦恼，投奔天国了。"甲水手说："我还不想下地狱。"

乙水手死了，脸上挂着微笑。

甲水手死了，脸上充满悲伤。

同样的结局，不一样的人生。并不是乙水手不尊重生命，乙水手充分享受到了人生最后过程的乐趣，虽然结果仍免不了死亡，但一切对他来说不是那么重要了，他死的时候都是快乐的，他没有留下什么遗憾。而甲水手与乙水手截然相反，明知道不可能的事情还是处处在乎，明知道得不到的东西仍然想得到，自己为难自己，自己勉强自己，时时刻刻处于忧虑惶恐之中，最终还不是一样没有摆脱死亡。但他最后的人生境界与乙比起来要差远了，没有得到任何的快乐，死的时候也无法瞑目。

塞翁失马的故事也能说明上述道理。塞翁丢失了一匹马，但他并不着急找，是因为他不需要马吗？不是，因为他知道就算自己如何费尽周折也不一定找得到，得不偿失，还不如等它自己跑回来。结果，这匹马不但跑回来了，还带了一群马回来。后人以"塞翁失马，安知非福"来说明坏事不一定坏，有时反而可以变为好事。

40."简单"的快乐

【原文】

南海之帝为儵，北海之帝为忽，中央之帝为浑沌。儵与忽时相与遇于浑沌之地，浑沌待之甚善。儵与忽谋报浑沌之德，曰："人皆有七窍以视听食息，此独无有，尝试凿之。"日凿一窍，七日而浑沌死。

——《庄子·应帝王》

【译文】

南海的大帝叫儵，北海的大帝叫忽，中央的大帝叫浑沌。儵与忽经常在浑沌的家里相见，浑沌很热情，于是，儵和忽商量如何报答浑沌的深情厚意，说："人人都有七窍用来视、听、吃和呼吸，唯独浑沌没有，让我们试着为他凿开七窍吧。"于是，他们每日凿出一个孔窍，凿到第七日浑沌就死了。

【处世哲学】

我们在说一个人迂腐的时候，往往讲这个人不开窍。不开窍固然不好，但开的窍过多就好吗？浑沌没有一窍，儵与忽好心帮助他开窍，却害死了浑沌，这说明什么道理呢？

懂得越多，看得越透彻，要求得到回报的欲望就越高，对社会越不满，人生越痛苦。知道得越多就越虚伪，盘算，把生活变成了生意，计较得失，学在讨价还价中得到乐趣。

那么，什么人最快乐？心地单纯的人，他们把繁杂的事简单去做，所以最快乐。

阿甘是一个弱智的、头脑简单的、想问题单纯的、目标单一的、行动始终如一的"傻瓜"。当然,这里说的傻子不是单纯意义上的"傻",而是指心地单纯的人。

当一群孩子要欺负阿甘的时候,他的女伴告诉他:"快跑!"脚跛的他单纯地听从了,没命地跑,快得超过了正常的男孩,球场上,教练告诉他:"什么都别想,抢着球就跑!"他又单纯地听从了,结果他跑来了大学毕业证,跑成"球星";他上越南战场打仗,他的上级告诉他:"遇见危险就跑!"他再次单纯地听从了,结果不但平安归来,还跑成了"国家英雄"——阿甘善于把所有的问题都简单化,简单单纯到了只剩下直奔成功。

再聪明的人都无法完全认清世间万象,运转再快的头脑也跟不上世界万物的变化。所以庄子要求我们"无为名尸,无为谋府",这样才能掌握世间万物,掌握我们自己。

心地单纯的人的福气主要体现在:

1. 心地单纯的人对许多事是不过心的。心地单纯的人缺乏精明人的一些算计和设想。算计和设想虽是好事情,可好事情的另一面常常就是陷阱,就造成人的过失。而心地单纯的人缺乏那样的算计,也就避免了那样的过失,无所谓陷阱可言。

2. 心地单纯的人往往也不会过分注意身边的潜在危险和可能要失去的东西。所以他往往对事物并不主动地出击,这样反而不会使危险扩大,做到了顺其自然。心地单纯的人的天性里含有一种自然的忍让、宽容和视而不见,他做到了一种精明人很难做到的事情,"有得有失"对于心地单纯的人是都不计较的。

3. 心地单纯的人由于自身的特点,目光往往是不够尖锐的,这样他也就没有那么多的挑剔。一个不去挑剔生活和别人的人,是幸福的。

4．心地单纯的人往往具有一种看淡世事的豁达与洒脱，从不计较自己的得失。因此，在生活里，只有他们活得最痛快、最轻松。相反，精明人对世事的过分在乎，则常使自己终日困于苦闷之中。

精明人终于发现，心地单纯的人的心态，往往倒是最正常、最符合自然规律的。倒是自己常常不对。于是世上出现了"难得糊涂"这样的名言。

41．不要迷失自己

【原文】

夫适人之适而不自适其适，虽盗跖与伯夷，是同为淫僻也。

——《庄子·骈拇》

【译文】

贪图达到别人所达到的目标而不安于自己所应达到的目标，无论盗跖与伯夷，都同样令人不齿。

【处世哲学】

庄子认为，一个人无论贵贱高低，都应该认清自己，不要崇尚自己达不到的境界，徒增烦恼。应该在现实中学会享受真实的自己。只要专注下来，一心一意地去做事，你就会变得快乐而又有成效，也不会被那么多的目标所淹没。

因为你不再有什么负担和压力，你是清醒的。清醒的你，是在你自己的轨道上运行。只有在自己轨道上运行的人，才不会受到外界的摆布。

美国一位著名心理学家认为：现代人之所以活得很累，心里很容易产生挫折感和种种焦虑，甚至不快，是因为他们思想迷失和被淹没在各种目标中的结果。

现代人常把自己的思绪搞得如同一团乱麻，却很少有人进行必要的自我调节。在这种混乱的生活状态中，人的内心渐渐失去平衡，变得没有条理，生活的目的也跟着盲目起来。他们不知道自己所为何来，也不知道自己终将怎样。他们的想法很多，却不知从何着手。他们的思维混乱，长久下去便会产生心理疾病，从而又影响到了健康。人如果总是这样，就没有幸福可言，并会失去最主要的东西及眼前的一些机会，变成"为明天而明天"的生活痛苦者。

《孟子·告子上》中有这样一个故事：

有两个学生拜奕秋为师学习下棋。其中一个学生每次听课都全神贯注，一心一意地听奕秋讲解棋道；而另一个学生虽然很聪明，但上课时总是心不在焉，而且他今天想学下棋，明天又想学画画，不时地有新想法冒出来。

一次上课时，有一群天鹅从他们头上飞过，那个专心的学生连头都没有抬一下，浑然不觉。而心不在焉的学生虽然看着也像是在那里听，但心里却想着拿了箭去射天鹅，而且想着有一天要做一名出色的弓箭手。

若干年后，那位专心致志的学生成了一名出色的棋手，而另一位呢，却一事无成。

一般情况下，人对生活的迷失都是所要或所想的太多，而又一时达不到目标造成的。这种想法使很多人不能将精力专注于一项事业，他们总是目标多多，反而错过了许多近在眼前的景色，丢掉了一些可以马上把握的机会。

庄子主张不能贪图达到别人所达到的目标，而要安于自己所应达到的目标。这对我们的爱情婚恋也有重要的启发意义。爱情不是赶集，可以走一路挑一路，不行还可以回过头来买。爱情和婚姻，不能是遇到一个好的，却想还有更好的在后边，结果，回过头来看，那个自己最心仪的已经远去了。

关于爱情和婚姻，柏拉图的老师曾经给柏拉图上了很好的一课。

有一天，柏拉图问他的老师什么是爱情，他的老师就叫他先到麦田里，摘一棵全麦田里最大最金黄的的麦穗。其间只能摘一次，并且只可以向前走，不能回头。柏拉图于是照着老师的说话做。结果，他两手空空地走出麦田。老师问他为什么摘不到，他说："因为只能摘一次，又不能走回头路，其间即使见到一棵又大又金黄的，因为不知前面是否有更好的，所以没有摘，走到前面时，又发觉总不及之前见到的好，原来麦田里最大最金黄的麦穗早就错过了。于是，我便什么也摘不到。"

老师说："这就是爱情。"

每天都花一点点时间问一下自己的内心：你真正想要的是什么？什么才是你人生中最主要的？慢慢地，你会发现，那些遥远的不切实际的东西都是你行动的累赘，而那些离你最近的事物才是你的快乐所在。把精力集中在最能让你快乐的事情上，别再胡思乱想偏离正确的人生轨道。

42. 信念铸就人生

【原文】

小惑易方，大惑易性。

——《庄子·骈拇》

【译文】

小的迷惑会使人弄错方向，大的迷惑会使人丧失本性。

【处世哲学】

庄子说，人生有很多迷惑遮住了我们的双眼，让我们看不到事情的本来面目，甚至弄错方向，让人丧失本性。伯夷为了贤名死在首阳山下，盗跖为了私利死在东陵山上。这两个人，致死的原因不同，而他们一个为名、一个为利，在损伤本性方面却是同样的。为什么一定要赞誉伯夷而指责盗跖呢！

人为什么会有这样的错觉呢？最主要的一点，就是没有自己的信念。

美国的纽约，有一位年轻的警察叫亚瑟尔，在一次追捕行动中，他被歹徒用冲锋枪射中左眼和右腿膝盖。三个月后，当他从医院里出来时，完全变了个样：一个曾经高大魁梧、双目炯炯有神的英俊小伙现已成了一个又跛又瞎的残疾人。

纽约市政府和其他各种组织授予了他许许多多勋章和锦旗。纽约有线电台记者曾问他："您以后将如何面对您现在遭受到的厄运呢？"他说："我只知道歹徒现在还没有被抓获，我要亲手抓住他！"他那只完好的眼睛里透射出一种令人颤栗的愤怒之光。

这以后，亚瑟尔不顾任何人的劝阻，参与了抓捕那个歹徒的行动。他几乎跑遍了整个美国，甚至有一次为了一个微不足道的线索独自一人乘飞机去了欧洲。

九年后，那个歹徒终于在亚洲某个小国被抓了，当然，亚瑟尔起了非常关键的作用。在庆功会上，他再次成了英雄，许多媒体称赞他是最坚强、最勇敢的人。

　　半年后，亚瑟尔却在卧室里割脉自杀了。在他的遗书中，人们读到了他自杀的原因："这些年来，让我活下去的信念就是抓住凶手……现在，伤害我的凶手被判刑了，我的仇恨被化解了，生存的信念也随之消失了。面对自己的伤残，我从来没有这样绝望过……"

　　或许生命什么都可以缺，譬如失去一只眼睛，或者一条健全的腿，但就是不能失去信念。失去信念的人，判断就不准确了，就会迷惑不前，而根据庄子的说法，"小的迷惑会使人弄错方向，大的迷惑会使人丧失本性。"那么，人就处在一个非常危险的境地了。

　　曾经有人讲过这样一个耐人寻味的故事：一场突然而来的沙漠风暴使一位旅行者迷失了前进方向。更可怕的是，旅行者装水和干粮的背包也被风暴卷走了。他翻遍身上所有的口袋，找到了一个青青的苹果。"啊，我还有一个苹果！"旅行者惊喜地叫着。

　　他紧握着那个苹果，独自在沙漠中寻找出路。每当干渴、饥饿、疲乏袭来的时候，他都要看一看手中的苹果，抿一抿干裂的嘴唇，陡然又会增添不少力量。

　　一天过去了，两天过去了。第三天，旅行者终于走出了荒漠。那个他始终未曾咬过一口的青苹果，已干巴得不成样子，他却宝贝似的一直紧攥在手里。

　　在深深赞叹旅行者之余，人们不禁感到惊讶．一个表面上看来是多么微不足道的青苹果，竟然会有如此不可思议的神奇力量！

　　来自哈佛大学的一项研究发现：一个人的成功，百分之八十五取决于他在顺境或逆境中是否能保持坚定不移的信念，而只有百分之十五取决于他的智力和其他因素。

我们大家或许都看到过，在同一逆境中，有些人一旦跌倒，就丧失了信心，最终与成功无缘，而有的人即使遇到挫折，也绝不轻言放弃，他们在一路的跌跌撞撞中，终于走向了成功。

其实人生也是如此，遇到难解之处，一定要有坚定信念，然后才能思路清晰，这样才能得到最好的解决之道。

43. 大巧若拙

【原文】

大巧若拙。

——《庄子·胠箧》

【译文】

天然大巧似乎比人工雕琢小技显得笨拙。

【处世哲学】

庄子认为，看似聪明的做法其实可能很傻，看似很傻的做法其实可能很聪明。也就是说，事物外在表现出来的东西未必就是它的真实。表现出来的只是表皮，是毛毛雨，而真正的东西却没有表现出来。这就是"大巧若拙"。

就像诸葛亮布下空城计，看上去空空荡荡，反而给敌人一种受到包围的不祥预感，只得夹着尾巴溜走了。所以，外在的东西没有力量，关键是内心。即使外在做得再简单或者再复杂，也没人知道所有的一切是真还是假，就像《黑客帝国》里想阐述的观点一样，其实每个人看到的对方乃至世界都是一种假象，有些太逼真，以至于你根本无法分辨出真假，等弄清后，你却已经付出了太多太多。

所以，在看一个人的时候，要看到他向你展示的一面，更要看到他没有向你展示的另一面。

沉默害羞之人，有忠厚诚实的另一面；顽皮捣蛋的孩童，有勇敢活泼的另一面。人的另一面往往隐匿于这一面之后，没有契机，或许永远无法被人认清。因此，有时候真需要我们耐心挖掘。

有些人为了某种目的，有意表现这一面，隐藏另一面，所以俗话才说：

"知人知面不知心"，又说"路遥知马力，日久见人心"。生活中我们常听到有人抱怨：原来某人两面三刀，某人阳奉阴违——这就是说，他丑陋的另一面终于败露于世了。

什么人走近了看，看清楚了，各个侧面都看到了，你就会发现他有着与平时不同的另一面。

人有另一面很正常，就如同有阳光就有阴影，世界就是矛盾的对立统一体。懂得此理，我们就不至于看见一个男人落泪就以为他是懦夫，听到一个女子哭泣就以为她是弱者。我们也不至于看到别人满脸堆笑地恭维，就心花怒放，听到别人愤怒的指责就耿耿于怀。我们还能辨得出殷勤背后的勒索，悟得出严厉中深藏着的爱意。

生活中还有的人总是毕恭毕敬的模样，一般而言，这样的人在与人交际时，大都低声下气，并且，始终运用赞美的语气。

其实，他们外表的恭敬，并非内在的反映。这种人常常过分使用不自然的敬语，常是敌意、轻视、具有警戒心的表示。因为常识告诉我们，双方关系好时是用不着过多恭敬语的。

生活中还有一种人，看似老实巴交，很沉稳可靠，可常常躲在暗处浑水摸鱼，专拣别人的便宜。

有一则寓言：有一头鹿瞎了一只眼。这鹿走到海边，在那里吃草。它用好眼对着陆地，防备猎人袭击，用瞎眼对着大海，以为那边不会有什么危险。恰好有人坐船从旁边经过，看见这头鹿，一箭就射中了它。鹿倒下时自言自语地说："我真倒霉，原以为陆地危险，严加防范，而去投靠大海，想不到遇上了更沉重的灾难。"

公平地说，毕恭毕敬的柔弱者，大多并非是什么恶人邪徒。之所以强调对他们的防范，是因为在他们柔弱的表像给我们带来安全感之时，混迹其中的黑心者很容易偷袭得手。

不怕黑李逵，就怕笑刘备。软刀子杀人不见血，笑面虎最难对付。当我们管理外表柔弱之人时，应该力戒松懈，时刻提高警惕，小心测试他内心的意图，而绝不能掉以轻心，以为此类人就可以不负重托，不行奸邪。常言道：害人之心不可有，防人之心不可无，对外表毕恭毕敬的人更应如此。没准，此人正是个不折不扣的"伪君子"。人世间的许多危险，也都不露痕迹地潜藏在外表完美的人和物里。"欲擒故纵"，"大智若愚"，"大巧若拙"，其意思是遇事不慌，镇定自若，挥洒自如。这是在个人为人处世或企业经营或谈判中都可以动用的高招，也是一种智慧人生。

44.　宁静淡泊

【原文】

必静必清，无劳女（汝）形，无摇女（汝）精，乃可以长生。

——《庄子·在宥》

【译文】

心态一定要清静，不要把自己搞的疲惫不堪，不要让自己的精神长期动荡恍惚，这样就能够健康长寿。

【处世哲学】

庄子认为，天下有半不完的事，更有赚不完的钱，如果以一味去追求这些东西而成天把自己搞的筋疲力尽，最好却损害了自己的健康，那是得不偿失的。所以，庄子主张，做人要有几分淡泊的心态，最高的修炼是达到“无我”的境界。要不然，欲望会让你痛苦不堪。

人世间的快乐，实际上就蕴藏在平凡而又平常的生活里。可叹世人身在福中不知福，充分地享受着文明生活所带来的一切便利，偏又把这一切目为理所当然的。快乐近在眼前而竟毫无知觉。却偏偏去追求那些虚无飘渺的东西。

有位年轻人在岸边钓鱼，邻旁坐着一位胡须花白的老人，也在钓鱼，两个人坐得很近，奇怪的是老人总有鱼儿上钩，而年轻人一整天都没有收获。

年轻人终于沉不住气了，问老人："我们两人的钓饵相同，地方也相邻，为什么你能轻易地钓到鱼，我却一无所获？"

老人一笑，从容的答道："你是在钓鱼，我是在垂钓。你钓鱼的时候，只是一心想得到鱼，目不转睛的盯着鱼儿又没有钓住你的鱼饵，所以你看见鱼不上钩就心浮气躁，情绪不断发生变化，鱼儿都被你的焦躁的情绪吓跑了。我呢，我是在垂钓，垂钓跟钓鱼不一样，我垂钓的时候，只知道有我，不知道有鱼，鱼来我也不喜，鱼去我也不忧，我心如止水，不眨眼，也不焦躁，鱼儿感知不到我，因此也没必要逃跑。"

老人所说的是一种境界，钓鱼是修身养性的一件事情，老人恰恰就做到了这一点。老人的一番话是针对钓鱼事件本身所说的，上升为生活中，也不失为睿智的人生哲学。人的一生中兴衰荣辱，得失进退，谁也不能掌控，唯保持一份淡泊的心胸可以在人生的大起大落中免受伤害。

人生贵在淡泊，古往今来多少名士终其一生心中都在向往或是操守着淡泊的心境，"采菊东篱下，悠然见南山"，陶渊明算得上是个淡泊者；"一箪食，一瓢饮，不改其乐"凭着淡泊，颜回成了千古安贫乐道的典范；钱钟书学富五车，闭门谢客，静心于书斋，潜心钻研，著书立说，留下旷世名篇。齐白石晚年谋求画风变革，闭门十载，破壁腾飞，终成国画巨擘。

淡泊是人生的一种坦然，坦然面对生命中的得失；淡泊是人生的一种豁然，豁然对待人生中的进退。淡泊是对生命的一种珍惜，珍惜眼前从不好高骛远。淡泊可以使你真正地享受人生，在努力中体验欢乐，在淡泊中充实自己。

拥有淡泊的人是幸福的，淡泊使人心更加宁静，更加自由，没有羁绊。淡泊是不慕名利，远离喧嚣和纠缠，走向超越。淡泊是在遭受挫折时仍有与花相悦的从容，淡泊是别人都忙于趋本逐利时仍然保持恬静。淡泊是一种修养，一种气质，一种境界。

淡泊的人生是一种享受，守住一份简朴，不再显山露水；认识生命的无常，时刻保持一种既不留恋过去，又不期待未来的心态。荣辱不惊，去留无意。别太在意自己，天使能够飞翔，是因为把自己看得很轻。走一程蓦然回首，你会发现，其实幸福离你只有一个转身的距离。淡泊人生，并非消极逃避，也非看破红尘，甘于沉沦。淡泊是一种境界，要做到真正的淡泊，没有极大的勇气、决心和毅力是做不到的。

唐朝著名高僧，慧宗禅师，特别喜欢兰花，于是带着一群小和尚辛勤地栽培。第二年春天，满山开满了兰花，小和尚们都高兴的合不拢嘴。不料一场暴风雨之后，满山的兰花被乱七八糟的打倒在稀泥里，花朵撒了一地。

小和尚们看到后都忐忑不安地等待高僧的数落，哪知高僧却平心静气的说："我栽花是为了寻找爱好和乐趣，而不是得到愤怒和埋怨。"小和尚们顿时醍醐灌顶，不由自主对高僧宽广的胸怀而钦佩。是啊，只要我们将那些快乐的兰花栽种于心田，拥有了兰心蕙质，我们的心境一定会盈满幸福与快乐，安详与宁静的。

让我们的心境离尘嚣远一点，离自然近一点，淡泊就在其中。这或许是人生的另一个境界，能做到的人又能有几个呢？也许真的如人所说"道理人人会说，但又有几人能做到。"

是啊，与人生俱来的身外物何其多，颇有诱惑力。我若得之，淡然处置，不忘乎所以；我若失之，不大悲大痛，身心不伤。如此这般，才会不被身外物所苦，不被身外物所累。

平常岁月，拥有一份淡泊的心境，不是做现实主义的逃避者，而是在工作和学习之余，多一份清醒，多一份思考。人生在世，往往不会一帆风顺，有进有退，有荣有辱，有升有降，有高潮，也有低谷。如果我们认识到平淡是真的道理，在任何时候都会保持心理平衡，做出明智的选择。

平淡的日子不会永远平淡，只要怀有淡泊的心境和一生一世永不放弃的追求，定能获得生活馈赠的那份欢乐，成功给予的那份慰藉，谱写出生命最璀璨辉煌的乐章。

正如有一首古诗云："痴心做处人人爱，冷眼观时个个嫌，觑破关头邪念息，一生出处自安恬。"一般人容易走这两个极端，而不能恰如其分地把握自己。世事纷繁，人事复杂，我们不可能一路的左右逢源，也不可能一味的八面玲珑。在世俗圈子里痴心表演，人会活得不真实、不轻松、不自在。我们要活得自在逍遥，只有自然地做真实的自己，既不去"痴心做，"也不去"冷眼观"，要像古人说的那样"觑破关头"，屏除邪念，保持心境安然舒畅。

做人要几分淡泊，淡泊是一份豁达的心态，是一份明悟的感觉。淡泊为人，才活得自我，才把自己的本色演绎得精彩。

45. 礼貌待人

【原文】

节而不可不积者，礼也。

——《庄子·在宥》

【译文】

细末的小节不可不累积的，是礼仪。

【处世哲学】

礼貌待人是庄子的一个为人处事原则。

孔子说："不学礼，无以立。"（《论语·季氏篇》）中国自古就是礼仪之邦，传统上注重礼尚往来。"仁、仪、礼、智、信"，其中"礼"是儒家思想最经典、最辉煌的一页，影响深远，备受推崇。同样，大思想家庄子也将"礼"作为他思想的一部分。懂礼节，不仅要会打招呼、知道尊重对方，还包括在做人过程中必须顾及对方面子，在做事过程中采取符合人情常理的方法。

一个人需要有礼貌，这是做人的根本，也是做事的基础。

1. 学会客套话

林语堂说："中国人求人办事时，像写八股文一样，寒暄和客套是少不了的。如果直截了当地开题，就显得不风雅，如果是生客就更加显得冒昧了。"做人做事，都离不开与人打交道。在应酬的过程中，客套、寒暄是必不可少的。一些人把"客套"看作虚伪、庸俗的东西，加以排斥、抵制，结果在为人处世的过程中连连受挫，显然对交际的基本礼仪缺乏中肯的认识。

2. 见面常问好

见面打招呼、问好是人之常情，更是搞好人际关系的基础。特别是对初次见面的人来说，通过向对方问好可以增加亲近感，拉近彼此的距离，这样双方有了融洽的关系，才能进一步合作。一个人每天听到的是亲切的称呼和问好，那他一天都会感觉很快乐；如果别人对他总是板起面孔或者视而不见，那么他心里一定不会舒服。在与人交往的过程中，我们要主动和对方打招呼、问好，使自己成为一个受欢迎的人。通过广结善缘，也许某一天就能在紧急时刻得到意外的帮助，做成大事。

3. 顾全对方面子

俗语说："树要皮，人要脸。"与人交往，求人办事，我们经常会听到这样的话："总要给点面子嘛！""看在我的面子上……"中国人爱讲面子，其中包含了"情义"的分量。做人，要给他人面子；做事，要掌握"面子"的学问。

　　在商业谈判中，经济利益固然是首要考虑因素，但是"面子"也发挥着不可忽视的作用。如果说达成交易维护的是商业利益，那么实现预期的谈判目标，获得被尊重的感觉，则是在证实自身价值、维护自己的面子。在谈判中，如果我们做出伤害对方颜面的事情，就会影响到他的心态、情绪。在这种情况下，即便谈判条件优惠，对方也会失去兴趣，气量狭小的人甚至会伺机报复。

　　而在情感世界里，如果不注意给对方面子，常常会恶化良好关系，甚至引发情感危机。一对热恋中的男女发生了点矛盾，他们都认为自己是对的，不肯向对方低头，最后闹起了冷战。女孩希望男方主动承认错误，哄哄自己；男孩想让女方先开口，给自己面子。结果，两人僵持住了，都拉时间久了，情感日益淡漠，一对恋人就此劳燕分飞。"面子"心理在许多情况下会影响到人们的判断、决策。做顾全对方的面子，才能尽量减少不必要的误会与矛盾，建立良好的合作关系。

46. 有所为，有所不为

【原文】

　　君子不得已而临莅天下，莫若无为。无为也，而后安其性命之情。

——《庄子·在宥》

【译文】

君子如果是被迫称王，那就不如无为。无为方才能使天下万物保持其自然的本性与真情。

【处世哲学】

庄子认为，无为，然后能无不为，故而才能有作为。统治者应该以清静无为、无欲无争、规正自身，人民就自然地回归于纯朴，社会就自然地趋于安定，自会呈现国富民安的太平世界。

有为与无为两个看似相反的作为，其实是相互贯通的。顺应客观，无为而治，并非完全听天由命，任人摆布，而是在顺应客观的同时，主动地、策略地、乐观地、自觉地去驾驭现实环境中所遇到的矛盾，并制定合理的方针、策略。

所谓"无为而治"，其实是貌似无为，实则有为，眼下无为，长远有为的一种为政策略。

老子说："以无事取天下，吾何以知其然哉？以此：天下多忌讳，而民弥贫；民多利器，国家滋昏；人多伎巧，奇物滋起；法物滋彰，盗贼多有。"（《老子·淳风第五十七》）其意为，禁令越多，人民越贫；技术越进步，社会越混乱；法令越完备，犯罪者越滋生。为此，他奉劝领导者们要"无为而民自化，好静而民自正，无事而民自富，无欲而民自朴。"（《老子·淳风第五十七》）

庄子继承《老子》政治论的精髓，一言以蔽之，即"无为"。这种"无为"如果用在领导的管理方面，主要有以下三个方面的作用：

1. 尽量让下属发挥自己的聪明才智，作为领导者应尽量少施行命令或指示；

2. 给下属自由的思考和休息的时间，不要实行使下属负担过重的政策；

3. 给下属充足的发挥空间，对下属的各种活动尽量避免介入或干涉。

但这并不是说领导者对一切都不管，而是要领导者随时留心下属的动向。口出怨言或者发牢骚、自叹倒霉的领导者并不称职。因为无论工作多么辛苦，都是自己应负的责任，所以表面上不应显出痛苦的样子，而要以悠闲自在的精神状态面对下属。

"有为而治"和"无为而治"符合辩证法的原理。"有为"是手段，"无为"也是手段，"治"才是目的。表面看来，"有为"和"无为"似乎是不相容的，但作为工作方法来看，它们能够殊途同归，共同达到"治"的目的。

随着社会生产的高度发展，生产规模的扩大和部门层次的增多，一个高层（相对来说）的领导者即使精明强干，能力超群，也是无法事必躬亲，样样"有为"的。他必须忽略可以忽略的东西，做到大事"有为"，小事"无为"。

那么，领导者如何做好"有为"与"无为"呢？

首先，领导者只需在事情的开始阶段表现出"有为"来。实践证明：很多事情不必高层领导者躬亲其过程，而只需要在开始表示一个态度就可以了。这种表态可叫"拍板"，也可叫"决策"，算是"有为"的举动。高层领导者仅在工程之始参加的"奠基仪式"、"开工动员"等亦属于此类性质。

有一个企业的老总，是一位非常敬业的企业家。她事无巨细，事必躬亲。公司里的事，无论大小，她都要亲自过问。她手下有五个副总级的干部，但她不放心，不放权，一个人忙得团团转，身体累垮了，企业还是不断出问题。

一个人的精力是有限的。你不可能什么都想得到而又什么都不想失去。学会放弃。这就要"有所为，有所不为"。导者只需在事情的中间环节上表现出"有为"来。此时的"有为"，是为了引导、完善群众运动，促使高潮的到来。而当高潮形成后，他应当奔向新的目标，在新的领域开始自己的"有为"。

庄子指出一切有为之治都会使天下之人"淫其性"而"迁其德"，因此"君子不得已而临莅天下"就应当"莫若无为"。虽然庄子的"有所为，有所不为"主要只针对统治阶级管理百姓来说的，但对我们平常人也很有意义。

在现实生活中，我们经常面临着"有所为，有所不为"的选择。比如选择从官场下海，这就意味着我将失去"当官"时的风光、"虚荣"、地位、良好的福利等等；选择要成为一名成功的职业经理人，这就意味着我将放弃以前爱好的文学，甚至不再有时间看电视连续剧，以集中精力学习企业管理等方面的著作；选择了到沿海工作，这就意味着我将失去与妻女、老母和家人的团聚，失去许多过去的朋友。

每个人一生都会遇到很多诱惑，很多机会。只有那些敢于拒绝诱惑，善于放弃某些机会的人，最终才会成功。

明朝的吕坤在《呻吟语·人品》中说到"有所不为，为必成!"'为"与"不为"是事物对立的两个方面，有所不为才能有所为，有所不为便能"为必成"，有所不为是大有所为的必要前提。相反，如果不分主次、轻重、缓急，任何事情都"为"，其结果必然是"无为"又"无成"。

"有所为，有所不为"是一种能力，更是一种境界，一种智慧。与"舍得"有异曲同工之妙。"舍得""舍得"，有舍有得，不舍不得；小舍小得，大舍大得。

"有所为，有所不为"，最难得是"有所不为"。"有所不为"意味着放弃，而放弃往往是一件非常痛苦的事情。因为放弃意味着失去某些既得的利益，如地位、名誉、福利、家庭等等。而这些在某些人眼里往往是趋之若鹜的东西，怎能弃之不要呢？因此，"有所为，有所不为"要求我们权衡轻重、利害、得失，作出正确选择。

有所为有所不为是指导做人和做事的一条重要原则。做到了这一点，你将终身受益无穷。

47. 不要为外物所拘

【原文】

夫有土者，有大物也。有大物者。不可以物；物而不物。故能物物。

——《庄子·在宥》

【译文】

凡拥有国土者，就是有大物。有大物的人，不可自以为有而拘泥于物。应当役使物而不为物所役使，只有这样才能主宰万物。

【处世哲学】

《庄子·外物》有言："荃者所以在鱼，得鱼而忘荃；蹄者所以在兔，得兔而忘蹄；言者所以在意，得意而忘言。吾安得夫忘言之人而与之言哉！"意思是说，鱼筌是用来捕鱼的，捕到鱼后就忘掉了它；兔网是用来捕捉兔子的，捕到兔子后就忘掉了它；言语是用来传告思想的，领会了意思就忘掉了它。我有什么办法才能找到这样的人，从而可以与之彻夜长谈呢！

庄子认为，一个人要想有自己自由的栖居，就不要受拘于外物。外物总是短暂而易腐朽的，而生命灵魂才是永恒。不要做财富的奴隶，只能做财富的主人，这样人才能真正地逍遥。否则，就可能迷失航向，失去自我，失去人生对于逍遥的享受。

释迦牟尼佛祖在一次法会上讲了一个故事：

有个地主娶了四个老婆：大老婆伶俐可爱，像影子一样陪在他身边；二老婆是他抢来的，美丽而让人羡慕；三老婆，为他打理日常琐事，不让他为生活操心；四老婆，整天都在忙，但他不知道她忙什么。

地主要到另一个城市收债，因旅途辛苦，他问哪一个老婆愿意陪伴自己。

大老婆说："我不陪你，你自己去吧！"

二老婆说："是你把我抢来的，我也不去！"

三老婆说："我无法忍受风餐露宿之苦，我最多送你到城郊！"

四老婆说："无论你到了哪里我都会跟着你，因为你是我的主人。"

地主听了四个老婆的话颇有感叹："关键时刻还是四老婆好！"于是他就带着四老婆开始了他的长途跋涉。释迦牟尼说道："你们明白吗？这四个老婆就是你们自己！"

大老婆指的是肉体，人死后肉体要与自己分开的；

二老婆是指金钱，许多人为了金钱辛劳一辈子，死后却分文不带，就像是水中捞月；

三老婆是指自己的妻子，生前相依为命，死后还是要分开；

四老婆是指人的天性，你可以不在乎它，但它会永远在乎你，无论你是贫还是富，它永远不会背叛你。

佛祖还说道："人生历世，多一物多一心，少一物少一念，不要为外物所拘，心安理得处，就可明心见性，参悟佛法。"

如果有一个地方，能让我们心安，能让我们抛却浮躁，"不要为外物所拘，心安理得处"，那不是理想的栖居吗？何必刻意地去寻？一片生机盎然的花圃，一座巍巍葱茏的大山，一场密密匝匝的雪花，一本泛着墨香的书卷，都可以成为我们自由的栖居，都可以容纳我们放逐的心灵和漂泊的意志。

自由的栖居，须放得下繁华，耐得住寂寞，达到"物而不物"的境界。若是心恋浮华，不舍喧嚣，终不得心灵的安顿。就好比一个人，汲汲于富贵，切切于名禄，桎梏于外物，怎可能出离尘世而追寻幽独？

庄子所讲的"物而不物"是一门哲学，需要有大智慧，需要有大舍弃。智慧会让我们生活得快乐充实，舍弃会让我们生活得轻松无羁。不要顾忌舍弃而拒绝简单的生活，那样的话，你将不堪重负，顾虑重重，心力交瘁，六神无主……

"物而不物"的内涵在于抛却杂念，直指目标。生活没必要有太多的弯子，弯子太多会使你的心情沉重，影响你的情绪，导致恶劣的结果。其实，只要你够纯粹，把握住人生最重要的真谛，你会觉得前景一片广阔。

有的人对生命有太多的苛求，弄得自己生活在筋疲力尽之中，从没体味过幸福和欣慰的滋味，生命也因此局促匆忙，忧虑和恐惧时常伴随，一辈子实在是糟糕至极。需知月圆月亏皆有定数，岂是人力所能改变的？不如放下执著，给生命一份从容，给自己一片坦然。

人生一世，谁总是一帆风顺？"物而不物"，会另有收获。对于外物的追求和执著，是人生一切痛苦的根源。超越外物，就是超越自我，"无物"也就是"无我"，自己的心境也就不会随着外物的变化迁移而波动，正所谓"是进亦忧，退亦忧"，不假于物，才能造就"自我"。

48. 保持平常心态

【原文】

人大喜邪，毗于阳；大怒邪，毗于阴。阴阳并毗，四时不至，寒暑之和不成，其反伤人之形乎！

——《庄子·在宥》

【译文】

人若大喜，定会损伤阳气；人若大怒，定会损伤阴气。阴与阳互侵害，四时就不会顺应而至，寒暑也就不会调和形成，这就必然伤害人的身心健康！

【处世哲学】

庄子认为，人不能过度地处于欢欣和愤怒之中，否则会伤害人的身体，生活中无论面对何种事情，都应敞开心扉，把过度快乐和愤怒放之于外，不要压抑自己，保持平常心态。

世间没有一样东西比我们的身体更为宝贵，我们必须不惜一切代价来保护身体。健康的身体能够促进人们在工作上的努力，使得人们不断进步。许多人因为没有善待自己的身体，致使自己的机能减弱、能力丧失。

睡眠和营养的不足、户外运动的缺乏、工作过度，凡此种种，都是减弱体力、损害身体的主要原因。

还有许多人的精力，浪费在愤怒、忧虑、怨恨以及琐碎的事情上。甚至有的人在愤怒、忧虑、怨恨和琐碎事情上所耗费的精力，比在正式工作上消耗的体力还要多。

那为什么有的人还动不动就生气呢？

我们每个人都是理性与感性的复合体，要做到大事小事都想用理智来衡量，是不太现实的；而且，人们大部分的行为，往往是以感情为出发点的。

有一天，苏格拉底请学生到他家做客。刚一到家，他夫人就因一点小事而生气，进而当着客人的面，推翻了桌子。这位学生见状，十分不快，说道："就算是师母，也要有个师母的样子，真是太过分了！"说完便要离开。

苏格拉底很平静，他说："上次我造访你家，不是有只母鸡从窗外飞进来，把桌子弄得乱七八糟的吗？那时，我不是都没有生气吗？"

对象是人就生气，一旦换成母鸡便无从愤怒，苏格拉底用妻子的言行教育了弟子：人都难免有生气恼怒的时候，这时若把对方一个物，而不是人，则可以让心情暂时恢复平静。如果把对方看作人，你很可能咽不下这口气，所以很愤怒。

心理学专家认为，人受到伤害时，愤怒是正常的反应，而当下的念头便是想给攻击你的人当头棒喝，譬如自己向来尊敬的人，如果作出令你伤心的事情，你很可能立即给对方以回击；受了陌生人的气，恨不得用原子弹炸他。

感情的事也一样。一时的鬼迷心窍，常会让人作出事后追悔不已的举动。

有一位朋友脾气暴躁，每次发作如台风过境。他在盛怒之下，把桌上的晚餐全部都挥向地上，他的太太面对满地狼藉目瞪口呆，一双小儿女吓得哭着躲向阿姨身旁。事情的起因只不过是夫妇之间一场小小的口角，见太太坐到一旁去流泪，他下一个动作竟是俯身去拾碎片。他是个无法控制自己脾气的人，脾气发过就没事了。

愤怒使人失去理智思考的机会。许多场合，因为不可抑制的愤怒，使人失去了解决问题和冲突的良好机会。而且，一时冲动的愤怒，可能意味着事过之后付出高昂代价的弥补。在实际生活中，愤怒导致的损失往往可能是无法弥补的。你可能从此失去一个好朋友，失去一批客户；你的形象可能从此在领导眼里受到损害，别人也从此开始对你的合作产生疑虑。

愤怒时最坏的后果是，人在愤怒的情绪支配下，往往不顾及别人的尊严。并且严重地伤害了别人的面子。损害他人的物质利益也许并不是太严重的问题，而损害他人的感情和自尊却无异于自绝后路，自挖陷阱。

不仅如此，脾气暴躁、经常愤怒还是强化诱发心脏病的致病因素，而且会增加患其他疾病的可能性，他是一种典型的慢性自杀。

因此，为了确保自己的身心健康，必须学会控制自己，克服愤怒，动不动就怒不可遏的毛病。

首先，有必要找出原因何在。可试着从下列问题中找答案：

1. 对我而言，那些状况的严重性何在？

2. 到底是什么会让我以不智之举回应，而不寻求其他解决方法？

3. 我心中怒火烧向谁？

4. 他让我联想到其他我曾用相同态度回应的人吗？

5. 以前这么做的结果是什么？

6. 如果不发怒，最糟糕的结果会是什么？

其次是采取积极的措施。

1. 不要因为别人发脾气，你便怒不可遏。要知道那正是你应当平和的时候。如果你想要发脾气的时候，便先想想这种爆发会产生什么影响。如果你晓得发脾气必定会有损于你自己的利益，那么最好约束你自己，无论这种自制是怎样的吃力。

2. 发脾气时，最重要的是使前进的"气"获得适当的引导，以免积压，日后一发而不可收拾。控制一种机器时，要能够利用"气"，而且要用得不动声色，极有效力。但有时"气"太多，机器跟不上，则不得不用一种安全塞，把气关住。

3. 对事不对人。说"这件事情真的让我很恼火"是针对事件，说"你怎么搞的，怎么做出这样的事情来"就是针对人。

4. 不要把不满情绪发到无辜的人身上。不要不别人当作替罪羊，这样没有任何作用，相反会让你的情绪失控，发完脾气后你会后悔莫及。

如此说来，一个人永远都不可愤怒吗？这也不然。我们只所以告戒大家不要愤怒，那是因为我们容易误用"愤怒"，并不是我们就由此而永不愤怒。所以愤怒应视时机，偶尔愤怒在人生中有一种很高的价值，用得得当就是很好的东西。

铁路大王喜尔先生就是一例。当他愤怒的时候，周围的人都要躲避。他忍受不了那些无能的人，庸碌之徒必须躲开他。对于无能的人，包括懒惰的、无头脑的、特别是不可信任的，他的愤怒时常会发作。这些人在他那场狂风之前就赶紧各自躲避了，于是他便安静下来。对于努力的人，他非常温和亲近。

我国医学讲"七情"。气、怒、忧、思、悲、恐、惊为人体发病的"内因"，这七情对人的健康是有很大伤害的，其中尤以生气为重。

俗话说"笑一笑，十年少，愁一愁，白了头"，如果仅仅是白了头，那么还有染发剂可以应付，问题是发愁生气还会给人体造成多方面的损伤，具有令你的皮肤长出色斑等多方面的危害。所以，能不生气就不生气，能少生气就少生气，做事情之前，先整理心情。只有这样，心情才能愉快，身体才会更健康。

49. 让你的反对者有说话的机会

【原文】

世俗之人，皆喜人之同乎己而恶人之异于己也。

——《庄子·在宥》

【译文】

世俗上的人，都喜欢别人和自己相同而讨厌别人和自己不同。

【处世哲学】

要使别人对你感兴趣，那就先对人感兴趣。

最成功的商业会谈的秘诀是什么？注重实际的著名学者依里亚说："关于成功的商业交往，并没有什么秘密？？专心地倾听那个对你讲话的人最为重要，没有别的东西会使他如此开心。照此下去，合作成功是自然的了，也再没有比这更有效的了。"

让你的反对者有说话的机会，让他们把话说完。不要打断他们或争辩，否则，只会增加彼此沟通的障碍。努力建立了解的桥梁，不要加深彼此的误解。其中的道理很明显，你无须在哈佛读上四年书才觉察这一点。不过，我们也经常看到这样的现象：有不少精明的商人会租赁昂贵的地盘，把店面装潢得漂亮精致，干练地购进不少的精美货物，还花了价格不菲的广告费，可是却雇用了一些不懂得倾听顾客说话的店员?? 他们急急地打断顾客挑剔商品瑕疵的话头，与他们辩论、让人家难堪，甚至几乎把顾客气得一走了之。

倾听是我们对别人的一种最好的恭维。很少有人能拒绝接受专心倾听所包含的赞许。

因此，如果你希望成为一个善于谈话的人，那就先做一个注意静听的人。要使人对你感兴趣，那就先对别人感兴趣。

实际上，即使那些嗜好挑剔别人毛病的人，甚至一位正处于盛怒的批评者，也常会在一个具有包容心与忍耐力且十分友善的倾听者面前软化、妥协，即便那气愤的肇事者像一条大毒蛇正张开嘴巴吐出毒信的时候，也一定要沉着，克制自己。

以纽约电话公司应付一个曾恶意咒骂接线员的顾客为例：这位顾客态度刁蛮，满腹牢骚十分不容易对付，他甚至威胁要拆毁电话，拒绝支付他认为不合理的费用，他写信发给报社，还向消协屡屡投诉，致使电话公司引起数起诉讼案件。

最后公司中的一位经验丰富的"调解员"被派去访问这位不近情理的顾客。这位"调解员"静静地听着，并对其表示同情，让这位好争论的仁兄尽情发泄他的满腹怨言。

"我在他那儿静听了几乎有 3 个小时，"这位"调解员"讲述道，"以后我再到他那里，仍然耐心地听他发牢骚，我一共访问了他四次，在第四次访问结束以前，我已成为他正在创办的一个团体的会员，他称之为'电话用户权利保障协会'。我现在仍是该组织的会员。有意思的是，就我所知，除这位先生以外，我是这个地球上它的惟一的会员。"

"在这几次访问中，我耐心倾听，并且同情他所说的每一点。我从未像电话公司其他人那样同他谈话，他的态度慢慢变得和善了。我要见他的真实目的，在第一次访问时没有提到，在随后的两次也没有提到，但在第四次我圆满地解决了这一案件，使他把所有的欠账都付清了，他也撤销了向消协的投诉。"

毫无疑问，这位仁兄自认为在为正义而战，在为保障公众的权利而战。但实际上他需要的是自重感。他试图通过挑剔、刁难来得到这种自重感，但在他从公司代表那里得到自重感后，他所谓的满腹牢骚就化为乌有。

记住，你可以根据一个人在什么情况下会发脾气的情形，测定这个人的肚量有多大。与此类似的还有一个故事。多年前的一个早晨，有一位怒气冲冲的顾客，闯入德迪茂毛呢公司创办人德迪茂的办公室内。

德迪茂先生说："他欠我们 15 美元，却不承认这件事，我们的财务部坚持要他付款。在接到我们财务部职员的好几封催款的信以后，他收拾行装来到芝加哥，冲进我的办公室，告诉我说，他不但不付那笔账，并且永远不再准备买德迪茂公司的东西。"

许多事件都表明，当有人提出不同意见的时候，你第一个自然的反应是自卫。你要慎重，你要保持平静，并且小心你的直觉反应。这可能是你最薄弱的地方，而不是你最好的地方。

我耐着性子听他说话，几次几乎要中止他，但我知道那对他没有用处，我要让他尽量发泄不满。等他终于冷静下来，可以听进别人说话的时候，我平静地对他说："谢谢你到芝加哥来告诉我这件事，你帮了我一个大忙，因为如果我们财务部惹恼了你，他们也准会惹恼别的好主顾，那样就太糟了。真要谢谢你告诉我这一切。"

他似乎有点措手不及，万没料到我会说出这番话。我想他当时肯定有点失望，要知道他到芝加哥来是要向我找事挑衅的，但我在这里反而感谢他，而不与他争论辩斗。我真心实意地告诉他也许是记错账了，我们打算在账中取消那笔 15 美元的账款并将此事忘掉。我对他说，他是一个很细心的人，又只需照顾自己的一份账目，而我们的员工却要同时料理数千份账目，所以他会比我们记得更准确。我告诉他我十分了解他的感觉，如果我处在他的位置上，我也会有类似的举动。由于他说不想再买我们的东西，所以我还向他推荐了几家别的公司。

在那之前，他来芝加哥时，我们常一同用餐。那天我照旧请他吃饭，他似乎不太好意思地答应了，但当我们回到办公室的时候，他马上订下了很多的货物，然后他心情舒畅地回去了。为了表示自己的坦诚，他重新检查了他的账单，结果发现有一张放错了地方，接着他便寄给我们 15 美元的一张支票，还诚恳地道歉了一番。

如果有些地方你没有想到，而有人提出来的话，你就应该衷心感谢他。不同的意见是你反省自己的最好机会，而承诺和倾听也必须要发自真心。你的反对者提出的意见可能是对的。在这时，同意考虑他们的意见是比较明智的做法。如果等到反对者对你说："我们早想告诉你了，可是你就是不听。"那将给你难堪。

马克先生可能是世上最出色的名人访问者，他说："许多人不能让他人对自己产生好印象，是因为他们不注意听别人讲话。"一般人往往非常关心自己随后要讲什么，却不愿意张开自己的耳朵倾听。几位名人曾经说过，他们喜欢善于倾听者，不喜欢别人打断自己的话头，但善于倾听的能力，好像比任何其他好性格都更难得。不仅名人喜欢别人听他倾诉，普通人也是如此，正如《读者文摘》中所说："许多人之所以请医生，他们所要的只不过是一个听众而已。"

美国南北战争最困难的时期，林肯写信邀请在伊里诺斯的一位老朋友到华盛顿来。林肯说，他有些问题要与他讨论。这位老朋友到白宫拜访，林肯同他谈了数小时关于释放黑奴的宣言是否适当的问题。林肯将赞成和反对此事的理由都加以阐述，然后又读一些谴责他的文章，其中，有的怕他不放黑奴，有的却怕他释放黑奴。谈论几小时后，林肯与他的老朋友执手道谢，送他回伊里诺斯，整个谈话过程中竟然没有征求老朋友的意见。所有的话都是林肯说的，就好像是为了舒畅他的心境。"谈话之后他似乎轻松了许多"，这位老朋友说，"林肯没有要求提意见，他要的只是一位友善、同情的倾听者，使他可以发泄苦闷的心情。那是我们在困难中都迫切需要的，那些发怒的顾客、一些不满意的雇员、感情受到伤害的朋友也都是如此。"

如果你甘愿使人当面回避你，背后笑你，甚至轻视你，这里有一个最好的办法：决不倾听别人说话，并且不断地向他谈论你自己。如果别人在谈话时，你有自己不同的意见，别等他说完，他没有像你一样的伶牙俐齿。为什么要浪费自己的时间去听他人无谓的闲谈？即刻插嘴，在他一句话还没说完时就打断他。噢，接下来你的目的就实现了。你很快就会变得人见人烦。

因此，如果你希望成为一个善于与人沟通的高手，那你就得先做一个注意倾听的人。要使别人对你感兴趣，那就先对别人感兴趣。问别人喜欢回答的问题，鼓励他人谈论自己及他所取得的成就。不要忘记与你谈话的人，他对他自己的一切，比对你的问题要感兴趣多了。他留意他脖子上的小痣比关注加勒比地区的六级地震还要充满热情。

南美一家电脑公司总裁安德烈·那瓦诺曾进一步深入地阐释了这个话题。他说："我们常说听而不闻，很多人听别人说话时，都在想自己的事，根本没有真正用心聆听对方说什么。真正的聆听绝不只是听而已。"

倾听者虽然不开口说话，但聪明的倾听者往往积极地参与对话，当然这不容易做到。要做到善于倾听别人的谈话很重要的一点，就是要全心全意，而且要真心投入，还能不时地问一些问题，鼓励对方多谈。其中包括机智、周到、不离题、简洁等特点。

其实，表示积极参与谈话的方式很多，绝不需要动不动就插嘴以打断别人的讲话。方式虽然很多，但我们用不着招招纯熟。善于聆听的人经常应用几种自然轻松的方式，关键是要实际有用。

这些方式包括偶尔点点头，偶尔附合一两声。有些人会换个姿势或俯身向前，有时候微笑一下或挪一下手。而目光的交流最能显示你是一位友好的人，因为这表示："我在非常认真地听你说自己喜欢的事情。"谈话中途停顿时，可以提出相关的问题，继续让他表现下去，让他有话可说、能说、想说。

最为关键的并不是你到底应该采取哪一种倾听技巧，因为这绝不是一件机械化或一成不变的事。这些只是当你感觉很好时可以用的几个方式，它们会使跟你谈话的人变得更有兴致。

下次当你开始谈话的时候，就想着这一点：如果你要使人喜欢你，那就记住：善于倾听，会让你处处受人欢迎。

在你进行辩论的时候，你也许是绝对正确的。但从改变对方的思想上来说，你大概一无所获，一如你错了一样。

为什么你一定要与对方辩论到底以证明是他错了？这么做除了让你感到一时的快意之外还有什么呢？那能使他喜欢你？或是能让你们的合同签订？为什么不给人留点面子呢？他并没征求你的意见啊！他不需要你的意见，为什么还与他人争论不休？要想拥有良好的人际关系，要想使自己在事业上游刃有余，在朋友中广受欢迎，在家庭中和睦相处，你最好永远避免和别人发生正面的冲突。

"永远避免和别人正面的冲突。"这一教训非常重要。有个喜欢辩论的学者，在研究过辩论术，听过无数次的辩论，并关注它们的影响之后，得出了一个结论：世上只有一个方法能从争论中得到最大的利益??那就是停止争论。你最好避免争论，就像避免战争或毒蛇那样。

你永远不能从争论中取得胜利。如果你辩论失败，那你当然失败了；如果你得胜了，你还是失败了。这是因为，就算你将他驳的体无完肤，一无是处，那又怎样？你觉得自我感觉良好是不是？但他会怎么认为？你使他觉得自惭形秽、低人一等，你伤了他的自尊，他不会心悦诚服地承认你的胜利。即使他表面上不得不承认你胜了，但他心里会从此埋下怨恨的种子！

波音人寿保险公司为他们的推销员立下一条规则："不要争论！"真正完美、有效的推销，不是靠争论得来的，甚至最不易让人觉察的争论也要不得。因为争论并不能让人改变自己的意愿。

正如充满智慧的富兰克林所说："如果你辩论、争强，你或许会获得胜利；但这种胜利是得不偿失的，因为你永远无法得到对方的好感。"

因此，你要自己好好权衡一下，你想要什么？只图一时口才表演式的快感，还是一个人的长期好感？

在你进行辩论的时候，你也许是绝对正确的。但从改变对方的思想上来说，你大概一无所获，一如你错了一样。

美国总统威尔逊任内的财政部长威廉·麦肯锡，以多年政治生涯获得的经验，归结为一句话："靠辩论不可能使无知的人服气。"

"无知的人？"麦肯锡说得太保守太片面了，实际情况是：不论对方聪明才智如何，你也不可能靠辩论改变他的想法。

举个例子，有一次税务代理员巴森仕与一位政府税收稽查员，因为一项 9000 美元的账款是否实际发生的问题争辩了一个小时。巴森仕先生声称这 9000 美元是一笔死账，永远收不回来，当然他认为也不应纳税。"死账？胡说！"稽查员反对说，"那也必须纳税。"

"这位稽查员十分傲慢并且固执，"巴森仕说，"任何解释对他是毫无用处的，我想我们辩论得越久，他越固执。所以我决定不再与他理论，并改变话题，说些使人愉快的话。"

　　然后他说："比起其他要你处理的重要而又困难的事务，我想这实在是一件不足挂齿的小事。我也曾研究过税收问题，但那只是从书本中得到的死知识，而你的知识是从实务经验中获得的，有时我真想有份像你这样的工作，那样的话，我就可以从中学到很多东西。"他说的十分真诚。

　　"这么一来，那稽查员直起身来，向后一倚，讲了很多关于他工作的话题，他告诉我他所发现的许多舞弊的巧妙方法。他的声调渐渐地变得友善，接着他又谈起他的孩子来。临走的时候，他告诉我要再考虑一下我的问题，过几天，他会给我答复。"

　　"3 天之后，他打电话通知我，他已经决定不征那笔款的所得税了，一切按照我们所填报的税目办理。"

　　这位稽查员身上表现的正是一种最常见的人性弱点，他需要别人的尊重。巴森仕先生越是想与他辩论，他越想扩大自己的权限，满足他的自尊感。可一旦满足他，辩论便立即停止，因为他的自尊心得到了满足，他就变成了一位充满同情和宽容心的人。

　　拿破仑的管家康斯坦常与拿破仑的妻子约瑟芬打台球。在他所著的《拿破仑私生活回忆录》中说："我虽然球技比她好，但我总是让她赢我，这样她会非常高兴。"我们要从康斯坦那里学到一个教训。我们不妨使我们的客户、朋友、丈夫、妻子在偶然发生的不影响大局的争论上胜过我们。

　　释迦牟尼说："恨不能止恨，爱却可以。"误会永远不能用辩论结束，它需用技巧来协调，宽容与理性来消融。

　　生活中并没有那么多的不同意，许多事情都是可以找到双方折衷的一面的。任何肯花时间表达不同意见的人，必然和你一样对同一件事情很关心。把他们当作要帮助你的人，或许就可以把他转变为你的朋友。必须明白，人活着是需要有适度妥协和灵活的。

50.　退一步海阔天空

【原文】

因众以宁所闻，不如众技众矣。

——《庄子·在宥》

【译文】

因为众人的附会而安于自己的见解，比不上众人的技巧多。

【处世哲学】

　　庄子认为，世俗人都希望别人跟自己一样，而对跟自己不一样的却很厌烦。他们总是把出人头地当作自己主要的内心追求。那些一心只想出人头地的人，实际上没有脱离世俗！因为众人的附会而安于自己的见解，比不上众人的技巧多。

　　庄子认为光有超众的心理，却没有超出众人的实力，不如先学会退一步向他人学习，然后超出众人才水到渠成。

纵观历史，也有借鉴的镜子。三国时刘备再三低头让步：从三顾茅庐到孙刘联合，每一次低头，都会踱到"柳暗花明又一村"，终于成就"三足鼎立"的辉煌。这是古人的典范。

漫漫人生路，有时退一步是为了踏越千重山，或是为了破万里浪；有时低一低头，更是为了昂扬成擎天柱，也是为了响成惊天动地的风雷；退步是为了更好地进步。

退一步需要有艺术，换句话说，不可以白退步，要退得有价值。

一些人遇到困难开始时不是一筹莫展，搞得焦头烂额，就是硬往前撞，哪管它三七二十一，死了也悲壮。这固然表明一个人有勇气和自信，但往往会适得其反，事情会扯不清理更乱。毫无价值的牺牲，最终受害的是自己。

所以，在强势面前，先退让一步，暂避其锋芒，待它的猛烈势头稍减后，再寻求解决之道，往往更有可能反败为胜。

社会生活中，那些机智灵活的人，必然懂得"能屈能伸""能进能退"的道理。"屈"，不是懦弱，而是为了保存实力；"退"，不是认输，而是为了突破困境。

有一个人在一家公司谋事，由于年轻易冲动，所以得罪了经理。于是，在以后的日子里，每次开会都自然而然成为会议的第一个主题——挨批。被批得面目全非后，真想一走了之。但是转念一想，如果真的走了，一些罪名不光洗不清，而且会被再蒙上厚厚的污垢；再者，这是一家很有名气的广告公司，自己完全可以从中源源不断地得以"充电"。

于是坚持留了下来，整理好乱七八糟的心情，低头实干，以兢兢业业来为自己疗伤，以实实在在的业绩回击谎言。一笔又一笔的业务，增添了他的信心，也使他积攒下了许多经验财富。坦率地讲，最重要的是，此人学会了退一步路会更宽的做人道理。

不光做人，经商也是一样。

市场趋势，个人力量难以改变。因此，在有利时，要抓住难得的时机，以求快速发展；然而，更重要的是，当遇到难处时，要冷静分析，审时度势，宜退则退。

20世纪60年代初，威尔逊·哈勒创办了一家小公司，公司主要生产"配方409"清洁液。到1967年，"配方409"已占有美国清洁液市场的50％。正当哈勒的事业蒸蒸日上时，宝洁公司也生产出一种清洁液，名叫"新奇"，想与哈勒争夺清洁液市场。

宝洁公司历史悠久，实力雄厚，其"象牙"肥皂更是闻名全美。为了抢占清洁液市场，宝洁公司大造声势，到处做广告。宝洁公司认为，自己一定有能力打败哈勒的小公司。

哈勒冷静分析后认为，由于对方实力雄厚，决定停止促销活动，主动放弃部分市场。宝洁公司看到哈勒主动让出市场份额，认为对方已被挤垮，便不再把哈勒的小公司放在眼里。然而，哈勒是"明修栈道，暗度陈仓"：他通过改进产品的包装和色调来迷惑对方，同时又密切注视对方的一举一动。

当"新奇"快要投放市场时，哈勒突然削价，以优惠价抛售"配方409"。那些爱便宜的消费者，一次就购买了足足可用一年的清洁液。

后来，宝洁公司"新奇"清洁液上市了，但因为消费者已购足了哈勒的"配方409"，"新奇"清洁液便滞销了。就这样，哈勒在困境中当退则退，该进则进，不但保住了自己的市场，还扩大了品牌的知名度。

51. 先控制自己再控制别人

【原文】

君子苟能无解其五藏，无擢其聪明，尸居而龙见，渊默而雷声，神动而天随，从容无为而万物炊累焉。

——《庄子·在宥》

【译文】

君子倘能不轻易外露内心真实的想法，有才华而不轻易表现出来，身体安然不动而精神面貌如龙颜，默默深沉而撼人心腑，思维合乎自然，从容自如顺应自然而万事万物都像炊烟游尘那样随风飘扬。

【处世哲学】

庄子认为，一个人必须有一定的定力，有才华而不轻易表现出来，有想法不轻易到处宣扬，也就是说要有一定的自我控制能力，能控制自我，方能控制他人。否则，就会被他人所控制。

《庄子·应帝王》记载：郑国有个巫师，名叫季咸，占卜识相十分灵验，他能算出一个人的生死存亡和祸福寿夭，所预卜的年、月、旬、日都准确应验，人称是"神人"。郑国人见到他，都担心预卜死亡和凶祸而急忙跑开。

列子很例外，对这个人是心服口服，对这个人的忽悠言辞达到如醉如痴的地步，回来后把见到的情况告诉老师壶子。

列子高兴地手舞足蹈说："原先我以为你最厉害，如今又遇到高人了。"

壶子看了他一眼，正色道：过去你跟我学的都是道的外在，还没有教给你道的实质，你现在就认为自己很了不起吗？只有众多的雌雄可是却无雄性，又怎么能生出受精的卵呢！你用所学到的道的皮毛就跟世人相匹敌，而且一心求取别人的信任，因而让人洞察底细而替你看相。你让他到我这来，让我也亲身体验一下他的高明吧。"

次日，列子跟神巫季咸一起来到壶子家里。

临走的时候，季咸走出门来就对列子说"呀！你的老师没几天的活头了，最多十来天！你看他的怪异行色，神情像遇水的灰烬一样。"

听罢，列子泪如泉涌，伤心地把季咸的话一五一十地给壶子说了。

壶子说："刚才我将是故意将寂然不动的心境显露给他看，茫茫然既未没有震动也没有止息。这样他就只能看到我闭塞的生机。明天再让他来看一下吧。"

次日，列子跟神巫季咸一起来到壶子家里。季咸走出门来就对列子说："幸运啊，你的先生遇上了我！症兆减轻了，洪福齐天，我已经观察到闭塞的生机中看到了春意盎然。"

列子进到屋里，把季咸的话一五一十地给壶子说了。

　　壶子说："刚才我故意将天与地那样相对而又相应的心态显露给他看，排除一切名利，而生机从脚跟发至全身。这样他也就看到了我的一线生机。明天再让他来看一下吧。"

　　在一个晴朗的日子里，列子跟神巫季咸一起来到壶子家里。

　　走出门来，季咸对列子说："现在你的老师神情恍惚，无法给他看相。等到他心迹稳定，我再来看看吧。"

　　说完，季咸晃晃悠悠地走了。

　　列子送走季咸，回到屋里，就把季咸的话告诉给壶子。

　　壶子说季咸我刚才把阴阳二气均衡而又和谐的心态显露给他看。这样他就看到了我内气持平、相应相称的生机。大鱼盘桓逗留的地方叫做深渊，静止的河水聚积的地方叫做深渊，流动的河水滞留的地方叫做深渊。渊有九种名称，现只提到三种。明天再让他来看一下吧。"

　　次日，列子跟神巫季咸一起来到壶子家里

　　季咸还未站定，就不能自持，扭头就跑。

　　壶子说："快追。"

　　列子没能追上，回来告诉壶子，说："他跑得快，一会就没有踪影了。"

　　壶子说："最初我显露给他看的始终未脱离我的本源。我跟他随意应付，把他弄糊涂了，于是我使自己变的那么颓废顺从，变的像水波逐流一样，把他吓坏了。"

　　在这个故事中，壶子能够控制自己，不急不躁、不轻易发怒，所以，整个事件都在自己的控制范围之内，也就控制了季咸。

　　控制自己这种良好的心态，比焦虑万分的人更容易应付种种困难、解决种种矛盾。一个做事光明磊落、生气蓬勃、令人愉悦的人，处处受欢迎。

比如，企业管理者在生意冷清、存货积压严重、员工不信任、债权人纷纷上门催款的情况下，涵养受到了最大的考验。这时若稍有不快就大发雷霆，会给员工们留下抹不掉的坏印象。如果他能控制住自己，在危难情况下仍然能够做到不抱怨、不发脾气，和善仁慈，就能真正受到员工们的爱戴，愿意和他一起共渡难关。自制使人充满自信，也赢得别人的信任。

52. 万事勿强求

【原文】

无为为之之谓天，无为言之之谓德。

——《庄子·天地》

【译文】

用无为的态度去做就叫做符合天道，用无为的态度去说就叫做符合天德。

【处世哲学】

庄子认为，做事应用自然的态度，一切不必强求，无为的自然往往会开花结果。如果你强行控制他人的行动，有一天你会发现他跑得更快。人，总是为了追求名、利、权势而劳碌终生；对于情爱，贪求无厌，总想把对方牢牢握住，怕有一天会消失不见，可是越这样，你会发现，事情会变得越糟糕。

《老子·第二十八章》写道："知其雄，守其雌，为天下溪。为天下溪，常德不离，复归于婴儿。知其白，守其黑，为天下式，为天下式，常德不忒，复归于无极。知其荣，守其辱，为天下谷，为天下谷，常德乃足，复归于朴。"意思是说："深知什么是雄强，却安雌柔的本分，甘愿做天下的溪涧。甘愿做天下的溪涧，永恒的德性就不会离失，回复到婴儿一样单纯的状态。深知什么是明亮，却安守于昏暗的本分，甘愿做天下的模式。甘愿做天下的模式，永恒的德行就没有过失，恢复到不可穷极的真理。深知什么是荣耀，却安守卑下的本分，甘愿当天下的川谷。甘愿当天下的川谷，永恒的德性才能得到充足，回复到自然开端的朴素、纯真的状态之中。"

一个人越是有私心，就越难以做自己；越想有所为，就越难以有所为。如果你与全国人去争国家，与全天下人去争天下，与所有领域中的人去争成败，结果必然是一无所获。

你如果不与他人去争，恬淡无为，或许会有所得，不争之争反而天下莫能与之争。

在《天地》一章里，庄子还说："知其不可得也而强之，又一惑也。"也就是说，明知不可能到达却要勉强去做，这又是一大迷惑。

庄子认为明知不可为而为之，只能是徒劳。

有位太太的先生是知名的企业家，对她百依百顺，以世俗人的眼光看起来，她是很幸福，物质生活是上上等的，可以说是幸福中的幸福人。但她仍觉得很苦，看到一个朋友时，便哭得很伤心。

朋友问她："你有什么不满意呢？"

她说："你不知道啊！他对我感情付出的太少，使我痛苦、不满。"

朋友劝她说："到底你要追求多少感情才满意呢？"

她问："那要如何解决呢？"

朋友回答道："放宽尺度，你爱的范围太狭窄了，犹如把感情当成一条绳子，缚（管）得他对你产生敬而远之的心理，才使你那么痛苦。你应该以柔和的感情来宽容他的一切，不要以占有欲、威力来加在感情上面，否则你先生表面又顺又爱，但内心却又烦又畏，也就难怪他会对你有欺骗的行为。你若能把爱扩大到去爱他所爱的人，他一定会感谢你，同时也更珍惜这份感情中的恩情，因为你所给予他的爱是那么的自在。"

人的感情如同一个球，愈硬碰，它跳得愈高愈远。感情又像是洪炉，只要你多给他宽大的爱，满足他的感情，再冷再硬的心也会被它融化，这位为情所困的太太，后来果真做到去爱他所爱的那些人。

"问世间情为何物，直教人生死相许"，婚姻是一种"缘"，若能因缘聚而相知相惜，实在是幸福。在通过共同生活交融，彼此能互相包容，欣赏对方的优点，方能圆融一生。在人生旅途上，彼此互相扶持、互相勉励，放宽彼此爱的尺度，勿强求于人，勿强求于己，在知足中找到感情的快乐。

谁都想吃又甜又大的西瓜，不愿意去品尝那未成熟的西瓜，就如谁都不愿意吃夹生饭，但在社交的有些场合，常遇上欲罢不能，只能勉强应付的尴尬境地，与其强扭在一起，不如退却则海阔天空。

在人际交往的过程中，你会碰到形形色色的人，对那些性格怪异、孤僻的人，你即使施展了浑身的解数，也无法跟他们接近，或者性格怎么也合不来，或者是猜不透他们的脾气，不知道什么时候就冒犯了他们。和这种人交往，与其勉强不如放弃。

人的能力是有限的，无论你的智商有多高，力气有多大，都有达不到的境地，所以做事要量力而行，不可强求。

53. 坚强的毅力助你走向成功

【原文】

圣道运而无所积，故海内服。

——《庄子·天道》

【译文】

思想修养几近于圣明的人对自己的追求从不曾中断和停止，所以五湖四海人人折服。

【处世哲学】

庄子认为，世上有很多人都有成为圣人的远大理想，他们也确实为之而奋斗了，可是，最后的成就者却寥寥无几。究其原因，且

不论能力和才智等条件，最重要的是，他们缺少了持之以恒的
精神。

一个人做一点事并不难，难的是持之以恒地做下去，直到最后
成功。生活中，许多人做事之初，都能保持旺盛的斗志。这个阶
段，普通人与杰出的人，是没有多少差别的。然而，往往到最后那
一刻，顽强者与懈怠者便各自显示出来了，前者咬牙坚持到胜利，
后者则丧失信心以至放弃了努力，于是，便出现了泾渭分明的
结局。

开创了一番伟业的美国著名教育家戴尔·卡耐基，原本是一个
很普通的人，而且曾经很自卑，但他后来终于觉醒了，依靠自己不
懈的奋斗改变了命运。

卡耐基出身贫寒，从小就要帮助家里干活。为了赚取必不可少
的学费，他还经常给人家干活。但他不肯向现实屈服，总想寻求改
变命运的途径。

他发现，学校里有两种人最受重视：一种是体育出色的人，如
篮球队员；再一种就是口才出众的人，如在演讲赛中的获胜者。他选
择了后者，决心在演讲方面下功夫，争取在比赛中获胜。卡耐基勤学
苦练几个月，但在演讲赛中一次又一次失败了。屡次失败，让他痛苦
不堪，他甚至想到过自杀。然而，他终究不肯认输，又继续努力。次
年，他开始获胜了。这个突破，为他以后的事业播下了希望的种子。
一位演讲与交际界的世界大师，当初竟然也在演讲赛中屡遭失败。这
个迥异的反差说明，古今中外，众多的成功者并不是依赖好运气，而
是得力于他们在挫折面前敢于咬牙坚持下去的精神。作为一个要有所
作为的人，难道说你宁可永远后悔，也不愿意试一试自己能否转败为
胜？然而，我们却常常在不该打退堂鼓时拼命打退堂鼓，因为恐惧失

败而不敢尝试成功。一个成功的商人曾说："胜利的希望和有利情况的恢复，往往产生于再坚持一下的努力之中。最艰难之时坚持最后五分钟，事情可能就会有了转机。社会上的失败者，大多数不是由于没有能力，而是因为没有坚决的意志。这样的人，做事有头无尾，永远怀疑自己能不能成功，难以抉择自己该干哪一件事。有时，他对于自己的情况感到满意，但别人一经怂恿，又感到过于卑下。"譬如建房，打好图样后，自然要依据图样按部就班地去修建。那么，这座房子，在他的努力下，迟早会有建成的那一天。但是，他若一边建造，一边觉得哪里不妥，就在哪里改动一下。这里建造一下，那里改动一下，试问：房子哪一天才可以建成啊？即使造成了，这房子能让人感到满意吗？所以，平庸和杰出的不同之处，就在于能不能持之以恒，坚持到最后。坚持下去就是胜利，半途而废则前功尽弃。苏联作家奥维狄乌斯说："滴水穿石不是靠力，而是因为不舍昼夜。"不管读书，还是做事情，每个人都能想出一千条理由来，但却往往缺乏恒心，结果只落个"还是不成"的失望下场。生活中，如果能持之以恒地做成事，那在以后的行动中，就会增强暗示力，把缺乏恒心的习气一扫而光。

54. 生活不是单纯的取与舍

【原文】

纯素之道，惟神是守；守面勿失，与神为一；一之精通，合于天伦。

——《庄子·刻意》

【译文】

纯真的"道"，就是专心持守着自己的精神；能持守而不失其本真，跟精神融合为一体；精通纯一之道，也就合于万物都遵循的规律了。

【处世哲学】

《庄子·刻意》中说："众人重利，廉士重名，贤士尚志，圣人贵精。故素也者，谓其无所与杂也；纯也者，谓其不亏其神也。能体纯素，谓之真人。"意思是说，普通人看重私利，廉洁的人看重名声，贤能的人崇尚志向，圣哲的人重视素朴的精神。所以，素就是说没有什么与它混杂，纯就是说自然赋予的东西没有亏损。能够不丧失纯和素，就可叫他"真人"。

庄子认为，人的一生中，要想保持"纯、素"，不仅要丢弃某些东西，还要守护某些东西，也就是指他自己所说的"惟神是守"。但生活不是单纯的取与舍，哪些该丢弃，哪些该守护，的确很让人费思量。

每个在职场里的人，到了岁末年初，总要将自己的办公桌彻底清理一次——扔掉那些毫无保存意义的信件、材料，再将其他的重新进行归类整理，使之井井有条、耳目一新，给自己创造一个相对宽松、舒适的环境和一份好心情。虽然如此，总有一些东西年年都舍不得丢弃，却从未派上用场，仔细想想，连自己都觉得纳闷和哑然。人们总习惯以"可能有用"为借口而无形中保留了一件件、一堆堆"废品"和"垃圾"，直到有一天狠狠心将它扔掉之后，生活中也不觉得少了什么时，才明白它是多余的东西，意识到自己所犯的"错"。

随着年龄的增长、岁月的洗礼、阅历的丰富、知识的积累与沉淀，人们对生活注入了新的思考与认知，同时也对传统思想、观念进行了新的审视、反省与诠释，对一切诸如习惯、观念、想法、经验、爱好等无形的东西也在不断地进行筛选和更新，一些过时的或给生活造成不必要的麻烦和不便的，我们要有勇气随时丢弃它，即便要为此付出很多时间、精力，甚至要忍受煎熬和痛苦。这样一来，我们才有机会和足够的时间、精力、空间，学习和接纳一些科学的、新鲜的事物。

佛家有言：舍得，舍得，有舍才有得。其实，本该舍得的东西，我们往往没有舍弃，或没来得及舍弃。

一则故事说，德国人从巴黎撤走后，一位农夫和一位商人在街上寻找财物。

他们发现了一大堆未被烧焦的羊毛，两个人就各分了一半捆在自己的背上。归途中，他们又发现了一些布匹，农夫将身上沉重的羊毛扔掉，选些自己扛得动的较好的布匹。贪婪的商人将农夫所丢下的羊毛和剩余的布匹统统捡起来，重负让他气喘吁吁、行动缓慢。

走了不远，他们又发现了一些银质的餐具，农夫将布匹扔掉，捡了些较好的银器背上，商人却因沉重的羊毛和布匹压得他无法弯腰而作罢。

　　这时，天降大雨，饥寒交迫的商人身上的羊毛和布匹被雨水淋湿了，他踉跄着摔倒在泥泞当中；而农夫却一身轻松地回家了。他变卖了银餐具，生活富足起来。

　　这个故事启示人们要做到事事顺心，就要懂得舍弃。舍弃是一种睿智，它可以放飞心灵，可以还原本性，使你真实地享受人生；舍弃是一种选择，没有明智的舍弃就没有辉煌的选择。

　　丢弃某些东西不易，要守护某些东西也不轻松。

　　到底还要不要坚守志向、信念、道德、操守、正义和良知的精神阵地，捍卫和呵护人类共同的精神家园，这个问题考验着每一个现代人。许多经得住革命战争的枪林弹雨洗礼的胸膛，却被用钞票包裹的"糖衣炮弹"所击穿许多人能欣然地面对和迎接各种困难、挫折及厄运，却不能坦然地接受"绚烂归于平淡"的事实，而晚节不保成为人民的罪人。

　　不管世界如何变化，我们都要在喧嚣和浮躁中坚守做人的原则，呵护好充满正义与良知的心灵。

55. 让别人心顺，自己才能事顺

【原文】

　　古之行身者，不以辩饰知，不以知穷天下。

——《庄子·缮性》

【译文】

古时候善于保存自身的人，不用辩说来显示自己智慧过人，不用能说会道使天下人臣服。

【处世哲学】

庄子认为要想保护自己就不要靠辩说、智巧来使他人窘迫，要懂得尊重他人。让别人心顺，自己才能事顺。

怎样让别人心顺呢？有四点很重要。

1. 不抬杠

现实中，有些人是很聪明，但更喜欢争辩抬杠，以显示自己是个有想法且聪明胜于别人的人，搭上话就针锋相对，无论别人说什么，他总要加以反驳，其实他自己一点主见也没有。不过当你说"是"时，他一定要说"否"，当你说"否"的时候，他又说"是"了。事事要占上风，实际上却已经占了下风。

即使你真的智慧过人，也不应该以这种态度去和别人说话。你不为对方留一点面子，非把他逼得无路可走才心满意足。甚至让人无话可说，达到心理上的满足。这种不良习惯使你自绝于朋友和同事；没有人愿意给你提意见或建议，更不敢向你提一点忠告。你本来是一个很好的人，但不幸你染上了这种坏习惯，朋友、同事们都远你而去了。

本杰明·富兰克林说："如果你老是抬杠、反驳，也许偶尔能获胜，但那只是空洞的胜利，因为你永远得不到对方的好感。"

惟一改善的方法是养成尊重别人的习惯，在不必要的琐事上、在不值钱的面子问题上斤斤计较，要把快乐的感受让给别人。

2. 顺着对方的毛摸

拿破仑的家务总管康斯坦在《拿破仑私生活拾遗》中写道："虽然我的台球技术不错，我总是让约瑟芬赢，这样她就非常高兴。"任何决心有所成就的人，决不会在为了自己的一时的快乐，而不顾别人的感受；相反，他们总是让对方心里舒舒坦坦的，顺着对方的毛摸，避免了很多障碍，自己做起事来也顺顺当当。

华克公司承包了一件建筑工程，预定于一个特定日期之前，在费城建立一幢庞大的办公大厦，一切都照原定计划进行得很顺利。大厦接近完成阶段，突然，负责供应大厦内部装饰的铜器的承包商宣称，他无法如期交货。如果真是这样的话，整幢大厦都不能如期交工，公司将承受巨额罚金。

长途电话、争执、不愉快的会谈，全都没效果。于是杰克先生奉命前往纽约，当面说服铜器承包商。

"你知道吗？在布鲁克林区，有你这个姓名的，只有你一个人。"杰克先生走进那家公司董事长的办公室之后，立刻就这么说。

董事长吃惊："不，我并不知道。"

"哦，"杰克先生说，"今天早上，我下了火车之后，就查阅电话簿找你的地址，在布鲁克林的电话簿上，有你这个姓的，只有你一人。"

"我一直不知道，"董事长说。他很有兴趣地查阅电话簿。"嗯，这是一个很不平常的姓，"他骄傲地说。"我这个家族从荷兰移居纽约，几乎有二百年了。"一连好几分钟，他继续说到他的家族及祖先。当他说完之后，杰克先生就恭维他拥有一家很大的工厂，杰克先生说他以前也拜访过许多同一性质的工厂，但跟他这家工厂比起来就差得太多了。"我从未见过这么干净整洁的铜器工厂。"杰克先生如此说。

"我花了一生的心血建立这个事业，"董事长说，"我为它感到骄傲。你愿不愿意到工厂各处去参观一下？"

在这段参观活动中，杰克先生恭维他的组织制度健全，并告诉他为什么他的工厂看起来比其他的竞争者高级，以及好处在什么地方。杰克先生还对一些不寻常的机器表示赞赏，这位董事长就宣称是他发明的。他花了不少时间，向杰克先生说明那些机器如何操作，以及它们的工作效率多么良好。他坚持请杰克先生吃中饭。到这时为止，你一定注意到，杰克先生一句话也没有提到此次访问的真正目的。

吃完中饭后，董事长说："现在，我们谈谈正事吧。自然，我知道你这次来的目的。我没有想到我们的相会竟是如此愉快。你可以带着我的保证回到费城去，我保证你们所有的材料都将如期运到，即使其他的生意都会因此延误也不在乎。"

杰克先生甚至未开口要求，就得到了他想要的所有的东西。那些器材及时赶到，大厦就在契约期限届满的那一天完工了。

生活中有很多人是这样的：如果你顺着他的毛摸，他便对你好得不得了，甚至不惜为了你的事丧失原则。但如果你不尊重他，他便处处跟你过不去，有事没事找你的碴，让你总感到不舒服。但哪天你请他喝酒，给足他的面子，他便又视你为友，立即忘记以前的不快。

因此，你自己要衡量一下，你是宁愿要一种字面上的、表面上的胜利，还是要得到实实在在的好处？让对方心顺，自己做事就会顺利。顺着对方的毛摸，他就听你的。脾气再大，城府再深，主观再强的人也吃不消这一招。

3. 不要强迫别人接受你的观点

首先你要明白，在日常谈论中，你的意见未必是正确的，而别人的意见也未必就是错的。把双方的意见综合起来，你至少有一半是对的。那么，你为什么每次都要别人接受你的观点呢？大概有这种坏习惯的人当中，聪明者居多，或者是些自作聪明的人，也许他太热心，想从自己的思想中提出更高超的见解，他以为这样可以使人敬佩自己，但事实上完全错了。一些平凡的事情，是没有必要费心做高深的研究的，既然不是在研究讨论问题，又何必在一些琐碎的事情上固执己见呢；另外有一点你也应该注意，那就是在轻松的谈话中不可太认真了。

别人和你谈话，他根本没有准备请你说教，大家说说笑笑罢了。你若要硬作聪明，拿出更高超的见解（即使确是高超的见解），对方也不会接受的。所以，你不要总露出要教训别人的神气。

对不能完全了解我们说服内容的人，千万不可意气用事，必须把自己新建议中的重要性及其优点，一下植人他的心中，让他确实明白。举一个例子加以说明，假如你前往说服别人，第一次不被接受时，千万不可意气用事地说：

"讲也是白讲！"

"讲也讲不通！浪费唇舌。"

一次说不通就打退堂鼓，这样是永远没有办法使说服成功的。

4. 多输少赢

平时只听说有人钻研各种赢的技术，不管是在工作上、收入上、还是赌桌上、酒量上，人人都想赢，这种好胜心理也是人之常情。

可现实生活中就有人偏偏学习输的技术。不要误以为"输"这门学问很简单，输是一门高超技艺，从心机上来说，输就是大智若愚，输就是绝顶聪明；从智慧上来说，输就是输小赢大、输就是输在人前赢在人后，是一种先予后取的大家手法。

刘涛是个中小企业的负责人，和客户来往，他有特别的一套。

刘涛酒量不错，也很会猜拳，可是每次和客户应酬，他都谨守着"与其自己喝醉，不如被灌醉"，以及猜拳时"输三拳，赢两拳，不如全输最好"的原则。

刘涛也会打麻将，可是他都"能输尽量输"。

每回应酬，客户们都很"高兴"。

事后谈生意，客户们大都能按他的条件成交，而每回谈生意时，刘涛都会提及"那一天被你灌得好惨"或"你的拳路实在很难抓"，或"那天打麻将，真不知怎么搞的，手气就是不顺"……

刘涛对人性的掌握相当准确，并将之表现在喝酒和打麻将上；虽然"辛苦"，但却也有相对的代价，只要不弄坏身体，这代价是相当值得的！

刘涛掌握的便是人的"好胜心"！

"好胜心"有属于"自我挑战"的好胜心，也有意欲赢过别人的好胜心。自我挑战的好胜心不是刘涛所掌握的重点，刘涛掌握的是人人都有的，意欲赢过别人的好胜心。

　　意欲赢过别人的好胜心的表现，因各人条件的不同而有很多种方式，有人靠事业来赢过别人，有人靠头衔、社会地位来赢过别人，也有人靠衣服、宠物……来"赢"过别人，只要比别人的"好"，自己便有"胜利感"，表示自己"高"过对方！而奇妙的是，人一旦有了这种梦幻的"胜利感"，便忘了他在其他方面其实是"输"别人的。但也有人就是因为其他方面"输"别人，因此越加重视、夸耀他某方面的"赢"过别人，这是一种非常明显的心理补偿作用，因此在某方面"赢"过了别人，心里便油然兴起一种"满足感"！人的欲望获得满足，内在少了压力，对其他事情要求的尺度便会松一些，标准便会低一些，甚至也有因此失去自卫警觉的人！

　　刘涛对待客户的方式基本上也是如此，他让别人"赢"，尤其是让喜欢赢的人赢，连无意赢的人也让他"赢"！他让别人因为"赢"而有满足感、胜利感，也让自己以"输"来造成别人的"亏欠感"。这一方面让赢的人松懈警觉，一方面唤起赢的人弥补亏欠的意识，也就是"昨天把人家赢得那么惨，今天再跟人家斤斤计较便不好意思了"的心理。总而言之赢的人面对手下"败将"，便自然地往"让步"那个方向思考；对赢的人来说，这让步也有"恩典"的意味，而这其实就是"输"的人想要的！

　　这就是说，赢的人没有全赢，因为赢的背后还有一份责任在里边；输者不全输，因为输的背后获得一份沉甸甸的收获。

　　所以，在竞技场上应该赢，但在人与人之间，却应该多输少赢，以免无端生是非，如能像刘涛那样，用"输"去"赢"，就更好了。

56. 以和为贵

【原文】

彼正而蒙已德，德则不冒，冒则物必失其性也。

——《庄子·缮性》

【译文】

端正自我而且敛藏自己的德行，德行也就不会冒犯其他的人，否则万物必将失却原来的本性。

【处世哲学】

庄子认为无论一个人的德行多高，都应该有所收敛，不去冒犯别人，这样才能做好自己，广结他人。人生，就是着眼于人与人之间的沟通、交往、宽容，并使人们享受事业成功和生活中的快乐。

俗话说："单枪匹马难闯天下，寡助之人难成大业。""一个篱笆三个桩，一个好汉三个帮。"人生成功的要诀在于，不仅要靠亲戚、师生等拉关系，还要广交天下朋友，织成庞大人脉网络。要知道，"朋友多了路好走"，各路朋友皆能派上用场。

例如，战国时的四大公子之一的孟尝君，广结天下豪杰之士，即使是鸡鸣狗盗之徒，他也决不捐弃，一样地敞开大门。这样，才使得他麾下人才众多，各具异能，成为中国历史上的一段佳话。

人际交往是个反复的过程，不是"一锤子买卖"。只有长久的朋友，才能成为真正的朋友，才能在需要时"挥之即来"。在人际关系上，若讲投机，无异于骗子，必将会自食苦果。

要乐于结交朋友，无论何时何地何人，只要他想主动结识你，你就应该马上做出友善的回应，向对方展你的真诚和友善。

千万要记住，多结交朋友就等于多条路，"朋友多了路好走"。多善待一个希望结识你的人，你就多增加了一份人脉，因此就可以多得到一次良机。

每个人都会有好多的朋友，在人生路上，离不开朋友的关心、帮助和鼓励。与朋友处好关系，大家和衷共济，才能使自己的大道坦荡而宽敞。"千里难寻是朋友，朋友多了路好走。"人们都愿意多交朋友，这就是其中的道理所在。

朋友多了路好走，冤家多了就路就难行了。多交朋友，少堵别人的路，有时会逢凶化吉。

古希腊神话中有一位大英雄叫海格里斯。一天他走在坎坷不平的山路上，发现脚边有个袋子似的东西很碍脚，海格里斯踩了那东西一脚，谁知那东西不但没有被踩破，反而膨胀起来，加倍地扩大着。海格里斯恼羞成怒，操起一条碗口粗的木棒砸它，那东西竟然长大到把路堵死了？

正在这时，山中走出一位圣人，对海格里斯说："朋友，快别动它，忘了它，离它远去吧！它叫仇恨袋，你不犯它，它便小如当初，你侵犯它，它就会膨胀起来，挡住你的路，与你敌对到底！"

那么怎样才能少树敌呢？

1．和为贵

"和"的思想来自儒家学说。《论语·学而》中说："礼之用，和为贵。先王之道，斯为美；小大由之，有所不行，知和不和，不以礼节之，亦不可行也"。意谓运用礼义教化可使各种关系达到和谐统一。

"和"，一个再通俗不过的字，通俗到人们似乎根本不需要去联想就可信口说出"和"的缤纷意象：和平，平和，和谐，和合，和睦，醇和，和气……纷纭世界里，真的少不了这一派祥"和"，绝对是中国的，而且绝对是东方文化区别其他文化的最本质的标记。

"和"，是一种境界，是一种精神。历经5000多年而心心相传，"和"已经深入到每一个中华人的血液里，"和"（和而不同）"合"（天人合　）成为中国思想文化中被普遍接受和认同的人文精神，它纵贯整个中国思想文化发展的全过程，积淀于各个时代的各家各派思想文化之中，因此，它体现着中国思想文化的首要价值和精髓，也是中国思想文化中最完善最富生命力的体现形式。

2．不要轻视任何小人物

现实生活中因为不明白这个道理而吃亏的人还真不少。

陶艺是一家公司的销售管理人员，凭着自己的智慧和胆略，他为公司的产品打开国内市场立下了汗马功劳。踌躇满志的陶艺，以为销售部经理一职非自己莫属。

然而他却没有被升职。

本来公司董事会要提拔他为主管销售的副总经理，但在提名时遭到人事部门的强烈反对，理由是各部门对他的负面意见太多，比如不懂人情世故、不善于和同事交往、骄傲自大……让这样一个不懂人际关系的人进入公司的决策层是不适宜的。

销售总经理一职由他人担任了，陶艺只好拱手交出自己创建并培养成熟的国内市场。这就好比自己亲手种下的果树结的果子被别人摘走一样，陶艺非常痛苦和不解。

他不明白公司为什么会这样对待自己。自己到底错在哪里？后来还是一个同情他的朋友破解了他的疑惑：他的问题是忽视了身边的小人物。

有一次，他出去为公司办理业务，需要一批货款，在紧要关头却迟迟不见公司的汇票，使得业务活动"泡汤"令他很难堪。实际上是一个出纳员给他穿了一次小鞋。因为他平时对这个出纳员不冷不热，根本没有把他放在眼里。

还有一次他在外办事，需要公司派人来协助，却不料，人还在路上就被撤回去了，原来是一些资格较老的人觉得他很"狂妄"，"目中无人"，在工作上从不与他们交流……所以想尽办法拖他的后腿，让他的工作无法展开。

尽管陶艺工作业绩辉煌，但他忽视了小人物的重要性。那些他不熟悉的、不放在眼里的小人物，在关键时刻坏了他的大事。阻碍了他在公司的发展和成功。在无可奈何的情况下，陶艺只好伤心地离开了公司。

3. 不要揭对方的短处

《韩非子》中有云："夫龙之为虫也，柔可狎而骑，然其喉下有逆鳞径尽，若人有婴之者，则必杀人。人主亦有逆鳞，说者能无婴人主之鳞则几矣！"

龙在温驯的时候，人可以骑在它的背上，如果你摸它咽喉下直径一尺左右逆生的鳞，它必定会吃掉你。如人与人之间的交往，对方的短处就是逆鳞，你却抓住这个加以苛责，必然会令对方感到无地自容，那么你就应当小心了，没准总有一天有一支箭会射向你。

因此，即使应该指责对方时，也要为其留一点退路。

4. 得理要饶人

"得理不饶人"虽然让你吹着胜利的号角，但这却是下次争斗的前奏。

"得理不饶人"伤了对方，有时也连带伤了他的家人，甚至影响了你在其他邻居中的美好印象。

"有理走遍天下。"其实，"有理"与"无理"仅有一步之遥。

得理不饶人，不仅没有人情味，有理也会变得无理。用这种方式处世的人，当然不可能有好人缘。

何况，你得理时不饶人，以后有机会别人也不会轻易放过你。"得理不饶人"，让对方走投无路，有可能激起对方"求生"的意志，从而"不择手段"，这对你自己将造成伤害。给对方留有余地，见好就收，结果就不同了。

由此可见，得理不饶人是既害人最终也害己。冤家宜解不宜结，一个懂得宽容别人过错而不记仇的人，"仇人"就会良心发现反过来以诚相报。这样，就能团结一切能够团结的力量，就会少有羁绊，无负重而轻松前行。

5. 让一让，三尺巷

茫茫人海，人与人之间难免会产生误会、摩擦。如果不注意，在轻动仇恨之时，仇恨袋便会悄悄成长，最终会导致堵塞了通往成功之路。所以一定要记着在自己的仇恨袋里装满宽容，那样你就会少一分烦恼，多一分机遇。

清代张宰相与叶侍郎是邻居，叶家建房占了张家一墙，为此事张夫人写信到京城。张宰相阅后作答："千里家书只为墙，再让三尺又何妨。万里长城今犹在，不见当年秦始皇。"

夫人接此信后，心生愧意，立即令家丁将自家的墙后退三尺。

叶侍郎家见此情景，也感惭愧，跟着把院墙后移三尺。这样以来，张、叶两家院墙之间多了一条六尺多宽的巷道。

与人相处的重要一条就是要有宽容心，古人都能做到"让一让，三尺巷"，如今的我们就要珍惜以和为贵，切不可"得理不饶人"，更不能"无理搅三分"。这样，你只会到处树敌，树的多了，就成为一堵墙，严严地堵住了你的去路。

57. 知道者必达于理

【原文】

知道者必达于理，达于理者必明于权，明于权者不以物害己。

——《庄子·秋水》

【译文】

懂得"道"的人必定通情达理，通情达理的人必定明白应变，明白应变的人就不会因为外物变化而对自己有所伤害了。

【处世哲学】

庄子说：那些得"道"的人烈焰不能烧灼他们，洪水不能淹死他们，严寒酷暑也不能把他们怎么样，飞禽走兽也无法伤害他们。

但这并不是说水火、寒暑的侵扰和禽兽不能对他们怎么样，而是说他们明察安危，安于祸福，慎处离弃与追求，所以这些东西就不能够伤害他们了。

所以庄子认为，懂得人的行止，立足于自然的规律，居处于自得的环境，明白应变，屈伸自如，就可以说是道的较高境界了。

庄子"明白应变，屈伸自如"的观点，其实就是水的智慧。

老子说：天下莫柔弱如水。水没有一种固定的形状，因而能因物赋形。无论多小的缝隙，水都能钻过去；无论遇到多么不规则的石头，水都能绕过去；无论多么混浊或清澈，水都照样可以生存。

那些深通权谋的人，他们之所以能够成为俊杰，是因为像水一样，能够适应不同的环境，采用不同的生存方式，能曲则曲，能伸则伸，就象《鬼谷子》中所说的：或阴或阳，或柔或刚，或开或闭，或弛或张。

"明白应变，屈伸自如"，是在时机不到时伺机待时，不贸然行动，等到自己有足够的力量时，才把握时机猛然出击，一战而胜，能曲能伸是判断形势和力量，以便能找到弃弱取强的关键。

"明白应变，屈伸自如"，是在狭小的空间里，能最大限度地曲下身来保护自己，在发展的机会来临，前景广阔的时候，又能最大限度地挥洒自己的智能与才干。

楚汉相争时，刘邦和项羽争夺天下。刘邦是布衣出身，项羽却是楚国贵族，两个人争到旗鼓相当的时候，都想把韩信争取到自己的阵营，因为韩信是个军事奇才，谁要是能把韩信拉过来，势均力敌的战势将发生倾斜，优势将倒向韩信所在的一方。

最后刘邦派人成功地说服了韩信，在韩信的帮助下，刘邦在垓下困住项羽，项羽四面楚歌，走投无路，刎颈自杀。刘邦借助韩信一统天下，韩信也因此封王封侯，位极人臣。

然而这个封王封侯的韩信却曾忍受胯下之辱。

在韩信还在老家务农的时候，遇到了一个"下三烂"的挑衅，要么从他胯下钻过，否则就把他杀了。听了这话，韩信很生气，也很无奈。

然而，他遏制了怒火，一头从那人的裆下钻过。结果，轻则避免几年的牢狱之灾，重则免得赔上自己的一条命。

历史中的智慧值得我们思索。大丈夫能屈能伸，能刚能柔，就是源于韩信的典故。

在常人看来，胯下之辱绝对让人不堪忍受，然而韩信爬过去了，而且爬过去以后拍拍身上的尘土扬长而去，这是何等的胸襟和气魄！

与之相比，"水浒"中的"青面兽"杨志，就没有韩信的大度了。他一时冲动，受不下牛三的纠缠，一刀把他剁杀了。杨志当时是很痛快和解恨，可是不久，官府就找他的麻烦了，他不得不为此去坐大牢。

这样说来，一时遇到了失利，在小事上要忍让，尽量大度些。就像水一样，遇到了小石头，就先绕过去。这样，可以避免那些不必要的麻烦或纠缠，甚至可以避免掉不必要的牺牲，才能在曲折中继续前行。

"留得青山在"，还怕没柴烧？

象水一样，遇到了小石头，就先绕过去，并不是我们怕，而是要看到人生的两种境界。

一是逆境，在逆境中，困难和压力逼迫身心，这时节应懂得一个"屈"字，委曲求全，保存实力，以等待转机的降临；

二是顺境。在顺境中，幸运和环境皆有利于我，这时节当懂得一个"伸"字，乘风万里，扶摇直上，以顺势应时更上一层楼。

A先生和B先生都是初山茅庐，涉世尚浅，刚刚走上工作岗位，便遇到了一系列不适：待遇差，受排挤……

A先生在一次次挫折和不公面前怨气冲天，抑郁成病，最终于事无补，无甚成就，一晃青春不再，悔之晚矣；

B先生则大度为怀，含蓄忍让，见怪不怪，努力适应环境，加强自身，积累经验，等待时机，逆境反而使他变得更坚强、更成熟，他扬长避短，屡出成就，积小胜为大胜，终于功成名就。

刚强对一个人来讲很重要，是人身上最可贵的品质，但刚强也有限度，有了困难和挫折宁折不弯是对的，却不可一味地刚强到底。刚强的人都是心劲足血性大的，遇到困难耗尽心血，硬撑死撑，直到精血耗尽，无可再撑，一旦折服很难再有重新站起的机会。

柔弱却可得长久，柔者有包容力，海纳百川，就是靠兼柔并蓄的力量吞吐含纳。但是如果一味柔弱，就会遭到欺凌。

俗话讲，一个人要是没刚没火，便不知其可。就是说一个人要是只会软弱，不懂刚强，那么什么事情也做不成。

做人一定要前思后想，就像走在薄薄的冰层上，稍有不留意就会落入冰窟，生命堪虞。能屈能伸是一个人的胸襟问题，若是达到了屈伸自如的境地，那世界上再也没有困难和挫折、厄运和耻辱，全都在屈伸的转换中化作奋起的力量，去捕捉前方更大的成功。

58. 天外有天，人外有人

【原文】

吾在于天地之间，犹小石小木之在大山也。

——《庄子·秋水》

【译文】

我存在于天地之间，就如同小石块、小树林存在于大山之中那样。

【处世哲学】

庄子认为，与天地比较起来，人是那样的渺小，与大道比较起来，人的智慧简直不值得一提。如果一个人觉得自己很了不起，是因为他还没有看到外面更广大世界的缘故。对于这个道理，《庄子·秋水》里有一段描写了河神与海神对于大与小的认识，很值得深思。文中记载：

秋天来了，按照时令，正是山洪爆发的时候。这时候，众多大川的水流汇入黄河，河面宽阔波涛汹涌，两岸和水中沙洲之间连牛马都不能分辨。于是河神欣然自喜，认为天下一切美好的东西都可以在这里看到。

河神顺着水流呼啸向东，来到出海口，面朝东边，一眼望不到头。这时候，河神方才改变先前洋洋自得的面孔，面对着海神仰首慨叹道："俗语说：'闻知百条道理，就以为没有人能及得上自己'的人，说的就是我啊（'闻道百，以为莫己若者。'我之谓也。）。而且我还曾听说过孔丘懂得的东西太少、伯夷的大义不值得看重的话语，开始我不信。如今，我亲眼看到了大海是如此无边无际，要不是因为我亲自看到这一切，真的可就危险了，我定会遭到众人的耻笑不可。"

海神说："因空间的限制，井底之蛙，怎么可以跟他们谈论大海呢？因为受到生活时间的限制，怎么可以跟夏天的虫子谈论冰冻呢？乡曲之土，不可能跟他们谈论大道，是因为教养的束缚。现在你从河岸边出来，看到了大海，方才知道自己的鄙陋，你将可以参与谈论大道了。天下的水面，没有什么比海更大的，八方河流，归于大海，但是我从不曾因此而自满，自认为从天地那里承受到形体并且从阴和阳那里禀承到元气，我存在于天地之间，就好像小石块、小树林存在于大山之中。我正以为自身的存在实在渺小，又哪里会自以为满足而自负呢？想一想，四海存在于天地之间，不就像小小的石间孔隙存在于大泽之中吗？再想一想，城池与村庄存在于四海之内，与细碎的米粒存在于粮仓之中有什么区别呢？"

河神的小却自以为大，是在他还没有看到更广阔的世界之前，那时候，他还不知道外边还有比自己再博大的事物，所以也就不知道天外有天的道理。海神的大却自以为小。是他已经看到了更广阔的世界，站在更高的位锐上认识自己。

有人说，站在山顶和站在山脚的人看对方同样渺小。"会当凌绝顶，一览众山小。""山外有山，天外有天。"这样的意境恐怕不是身在山脚下的人们所能体会到的吧！

许多时候，我们会不自觉地感到自己的强大，这种信心是不可或缺的。

但不可发展为自负，否则就成了狂妄。正如天空中的星星，对于尘埃来说它大如宇宙，但对于宇宙来说它小如芥豆。因此，认清自己很重要。

中国古代有这样一个故事：

有一次，阳子居去徐州，在路上恰巧碰到老子。郊外相逢，阳子居自以为有学问，态度傲慢，老子便为阳子居探感惋惜，当面批评阳子居："以前我还认为你是个可以成大器的人，现在看来不可教诲啦。"

听了老子的话，阳子居心里很不舒服，后悔自己为什么当时那样。老子也很失望。

阳子居回到旅店。思前想后，觉得自己应当做得自然一些。起码要敬重长者，敬重有道德学问的老子。

于是，阳子居便主动给老子拿梳洗的工具，脱下鞋子放在门外，然后膝行到老子面前，谦虚地说："学生刚才想请教老师，老师要行路没有空闲，因此不便说话。现在老师有空了，请您指教我的过失。"

老子说："想想看，你态度那么傲慢，表情那样庄严，一举一动又如此矜持造作，眼睛里什么都没有，这样，将来谁和你相处呢？人，没有他人围绕着你，行吗？

应该懂得：最洁白的东西好像总有些污秽的感觉，德行最高尚的人总认为自己远不十全十美，学问虽了解了，在多方面他是不行的。

知道自己不行，你才知道自己真正行的地方；眼睛里只看到自己不行，实际上，你哪个地方都不明白。"

阳子居先是吃惊，渐渐地脸上浮现惭愧的神色，谦虚地说："老师的教导使我明白了做人的真正道理。"

人性丛林，芸芸众生。你可能以为自己很是成功，颇为了不起。但走出去一看，才发现外面的世界更大，外面的天空更加高远，周围的人群中更有奇人高手。面对这些高人与强手，于是有些人不知如何应对。怎么办呢？其实，庄子早已为我们指出了方向："吾在于天地之间，犹小石小木之在大山也。"所以，不要把自己看得十分的了不起，对人要谦虚。

比自己强的人，谦虚地和他相处；比自己差的人，也谦虚地和他相处，把功利放在一边，把评价放在一边，何况功利与评价并不是一成不变的呢！总之，应抱着一种自然的态度与之相处。

谦虚自然地与人相处，别人舒服，自己也舒服，这样多好！谦虚不是抬高别人，也不是贬低自己。谦虚恰恰是一种能容忍他人的能力，是一种成功者的胸怀。

59. 低头是为了抬头

【原文】

忠谏不听，蹲循勿争。

——《庄子·至乐》

【译文】

忠诚的劝谏不被接纳，那就退让一旁不再去争谏。

【处世哲学】

庄子认为，作为忠臣，当自己的劝谏不被采纳时，就不要据理力争，否则，有可能会招致杀身之祸。人都有软弱的一面，当自己的力量不足以使对方慑服，就应该适时低下头，然后再争取。

从社会现实来看，众生平等。做人，不卑不亢最好。好好地，犯不着低眉顺眼。但是，这并不等于说，在任何情况下我们都必须保持趾高气扬的姿态。

人来到世上，其一生都是在不断地处理人与人、人与社会、人与自然以及与自身的矛盾中度过的。要处理好这些矛盾，不懂得低头，而是天马行空、一意孤行，不是"碰壁"，就是"触网"，肯定不会心情舒畅的。要想抬头，就要懂得低头，就要懂得妥协；聪明人的做法不是你死我活，而是要双赢、要多赢。如果自以为很了不起，视天下人为无物，只会跳"独脚舞"，本事再大，充其量也只能算个莽汉，给别人垫后背。

这一点刘邦做得最好。在鸿门宴上，刘邦深知自己的处境不利，清楚地看到"在人屋檐下"，所以从宴会的开始到结尾都一直自己的身份贬得极低而把项羽抬得极高，称他为大王，又称赞他大仁大义。

这样，在项羽的内心已渐渐对这位"臣子"产生了同情和怜惜之情，从而放松了对刘邦的警惕，这样，刘邦终于赢得了逃脱的时机，为以后打败项羽奠定了基础。

对于弱者来说，"在人屋檐下，一定要低头"，这已是毋庸置疑的，那么对于强者来说有没有必要在人屋檐下，一定要低头呢？

在别人屋檐下的，无论你是强者还是弱者，此时你都是客人而不是主人，所谓的"屋檐"也就是别人的势力范围，处于别人的势力范围内，你稍有抬头，便有被碰壁的危险。你随时面临着别人挑剔的眼光，随时都有可能被人排挤、打击，甚至消灭掉，强出头和抬头都是没出路的。

当然，可能有这样的情况，你是一名强者，而且是势力远远超过对方，这时一旦进入对方的势力范围可能会因为面子问题而不愿"低头"。其实，你的这种思维错了。你犯了一个错误，就是人具有本能地排斥"非我族"的本性，一旦你这样做了，他们表面上会害怕你的威力而不敢反抗，但内心深处，就会与你产生不良的抵触情绪，这对你以后的发展不利。试想，难道你能确信你永远是强者吗？所以最明智的做法倒不如给对方以"礼"，这样，你既不失面子，又使对方觉得你有风度。

假如对方是一位与你实力相当的同伴时，你更要谨慎行事，切不可有一点马虎和麻痹的态度，毕竟，你俩的实力相当。若此时这种关系处理得不好，很可能激怒对方，而使得他成为你的竞争对手或潜在的竞争对手。记住，千万不可激怒对方，也千万别伤害对方的自尊心。这时，你最好的办法就是动之以情，晓之以理，在他的势力内主动提出和他合作，承蒙对方多多关照的要求。这样，你首先满足了他的自尊心，给了他面子，又给了物质利益，这样他会考虑与你合作的。为了自己的长远利益，他不会置你于背后而不管的，毕竟他也知道有一天会利用你的势力范围的。总之，不论作为强者和弱者在别人的屋檐下时，你一定要低头，主动地与对方保持好的合作和默契，而不能丝毫表现出一点无奈和勉强，也不能靠别人的提醒才去低头。这样做会有以下好处：

（1）不会因为自己不情愿低头而碰破了头。屋檐是客观存在的，阻力也是客观存在的，无论你承认不承认它，不论你看到没有。

（2）取得对方心理的认可，自然可以得到对方的配合。最后的结果是双赢，皆大欢喜。

人生在世，对于外界的压力，要尽可能地去承受，在承受不住的时候，不妨弯曲一下，就像雪松那样暂时让一步，这样就不会被压垮；就像小草那样，灵活地拐个弯，这样就不会被扼杀。

低头不是妥协，而是战胜困难的一种理智的忍让；低头不是倒下，而是为了更好、更坚定地站立；低头不是毁灭，而是为了退一步海阔天空，是为了生命那张能笑到最后的灿烂的脸。学会低头，也就学会了用更高的智慧去看清自己所处的环境。也就是说当自己处在十分不利的境域时，不要再考虑自己能赢得多少，更重要的是能在多大程度上改变这种状况。

60. 不要跟自己过不去

【原文】

公则自伤，鬼恶能伤公！

——《庄子·达生》

【译文】

您是自己伤害了自己罢了，鬼怎么能伤害您呢？

【处世哲学】

《庄子·达生》中有一个"桓公生病"的故事：

有一次，齐桓公去打猎，管仲替他驾车，突然，桓公好像看到了鬼一样的东西。

桓公很吃惊，于是拉住管仲的手说："仲父，你见到了什么？"

管仲回答："除了这里的花花草草，什么也没有啊。"

打猎回来，桓公一直对这件事情耿耿于怀，最后竟卧床不起，好几天不出门。

这时候，齐国有个叫皇子告敖的士人对齐桓公说："你是自己伤害了自己，鬼怎么能伤害你呢？如果一个人身体内部郁结着气，精魂就会离散而不返归于身，对于来自外界的骚扰也就缺乏足够的定力。气能上通而不能下达，人就容易愤怒，下达而不能上通，人就容易健忘；不上通又不下达，郁结内心而无法离散，离生病就不远了。"

桓公说："照你这么说，到底有鬼吗？"

告敖说："有。污水聚积的地方的鬼叫履，灶里的鬼叫髻。门户内堆放尘垃圾的地方，有名叫雷霆的鬼；东北方的土堆下，有名叫倍鲑蠪的鬼；西北方的土堆下，有名叫泆阳的鬼。水里的水鬼叫罔象，丘陵里的山鬼叫峷，大山里的山鬼叫夔，旷野里的野鬼叫彷徨，草泽里也有一种叫委蛇的鬼。"

桓公好奇地问："请问，委蛇是什么样子的啊？"

告敖说："委蛇，身子很大，好像一个车轮，长如车辕，穿着紫衣戴着红帽。作为鬼神，委蛇最讨厌听到雷车的声音，一听见就两手捧着头站着。见到了他的人恐怕也就成了天下之王了。"

听到这里，桓公很兴奋，于是开怀大笑道："这就是我所见到的鬼吗？"于是整理好衣帽坐起来跟告敖谈话，直到天亮。人有时候就是自己吓唬自己，自己跟自己过不去。

一生中，我们可能战胜过很多人，可我们却经常被自己打败。我们放弃机会，不是别人要我们放弃，而常常是自己主动放弃机会。

我们停止奋斗，不是别人阻止了我们，而常常是自己主动停下来……甚至，我们不想再活下去，也不是别人不要我们活下去，而是自己对生命失去了热爱。

多年以前，有一个女孩被强暴了，非常痛苦。她就到庙里去烧香求签，听完她的陈述，老和尚对她说："这位小姐，你被强暴是你自愿的。"这个女孩被老和尚的这就话，吓了一跳，说："你说什么，我怎么可能自愿被强暴？"

老和尚对她说："你被他强暴一次，但在你的心里天天心甘情愿地被他强暴一次，那你一年下来，就被他强暴 365 次。"

"这是什么意思呢？"女孩不懈地问。

"在你身边发生了一件不好的事情，你好像看了一场不好的电影一样，天天在回想，这不是很笨的事情吗？这与重蹈覆辙有什么区别呢？

不管生活中有哪些不幸和挫折，你都应以乐观的态度微笑着面对。否则，就会自己跟自己过不去，自己依然美好的生命和未来过不去。

61.　君子之交淡如水

【原文】

君子之交谈若水，小人之交甘若醴。君子淡以亲，小人甘以绝。彼无故以合者，则无故以离。

——《庄子·山木》

【译文】

君子之间的交往像水一样的淡泊，而小人之间的交往却如糖饴一样甘浓，君子之交虽然淡泊，但精神世界亲密无间；小人之交虽然甘甜，却往往心口不一难免决裂。那些无缘无故相合的也就无缘无故地相离。

【处世哲学】

有人说：友情如酒。

小人之交，像椰花酒。酒味浓、酒气重，一时失察喝了它，醉得一塌糊涂，吐得五颜六色。次日醒来，总在头痛欲裂的狼狈里，怅然地生出悔不当初的感觉。

君子之交，像米酒。酒味淡淡的，似有若无。它不醉人，也不腻人。它不会使你上瘾，你也绝对不会为它而疯狂。可是，在一个微风轻拂、花香袭人的下午，你会不经意地想起它。倒一盅米酒，配一碟花生，你可以度过一段闲适愉快的时光。在凄风苦雨的夜晚，喝它一盅，也可以挡住那汹汹涌来的愁绪。

而庄子把友情说得更干脆，分得更清楚："君子之交淡若水，小人之交甘若醴。"庄子认为君子之交淡若水，没有任何私心杂念。

相传唐贞观年间，薛仁贵尚未得志之前，与妻子住在一个破窑洞中，衣食无着落，全靠王茂生夫妇经常接济。

后来，薛仁贵参军，在跟随唐太宗李世民御驾东征时，因薛仁贵平辽功劳特别大，被封为"平辽王"。一登龙门，身价百倍，前来王府送礼祝贺的文武大臣络绎不绝，可都被薛仁贵婉言谢绝了。他惟一收下的是普通老百姓王茂生送来的"美酒两坛"。

一打开酒坛，负责启封的执事官吓得面如土色，因为坛中装的不是美酒而是清水！"启禀王爷，此人如此大胆戏弄王爷，请王爷重重地惩罚他。"

岂料，薛仁贵听了，不但没有生气，而且命令执事官取来大碗，当众饮下三大碗王茂生送来的清水。

在场的文武百官不解其意，薛仁贵喝完三大碗清水之后说："我过去落难时，全靠王兄弟夫妇经常资助，没有他们就没有我今天的荣华富贵。如今我美酒不沾，厚礼不收，却偏偏要收下王兄弟送来的清水，因为我知道王兄弟贫寒，送清水也是王兄的一番美意，这就叫君子之交淡如水。"

王茂生给薛仁贵送水可谓寓意深刻，薛仁贵封王封爵从此显达，会有不少的人巴结逢迎，这时候的薛仁贵最需要分清谁是真正的朋友，谁只不过是趋炎附势的小人。故而王茂生借水提醒薛仁贵，君子之交淡如水，时刻谨记啊！

《列子·汤问》、《吕氏春秋·本味》都记载过一段俞伯牙摔琴谢知音的故事，把君子之交淡如水阐述得淋漓尽致。这段故事讲的是：

春秋时期，楚国人俞伯牙擅长弹奏琴弦，钟子期擅长听音辨意。有一次，伯牙来到太山（今武汉市汉阳龟山）北面游览时，突然遇到了暴雨，只好滞留在岩石之下，心里寂寞忧伤，便拿出随身带的古琴弹了起来。恰在此时，在山上砍柴的钟子期也正在附近躲雨，听到伯牙弹琴，不觉心旷神怡，听到高潮时便情不自禁地发出了由衷的赞赏。俞伯牙听到赞语，赶紧起身和钟子期打过招呼，便又继续弹了起来。伯牙每奏一支琴曲，钟子期总能完全讲出它的意境和情趣，这使得伯牙惊喜异常。二人于是结为知音，并约好第二年再相会论琴。

可是第二年伯牙来会钟子期时，得知钟子期不久前已经因病去世，俞伯牙痛惜伤感，难以用语言表达，于是就摔破了自己从不离身的古琴，从此不再抚弦弹奏。他们之间这种平淡的交往，是一份拒绝了金钱和地位的交情，他们不在意彼此的身份地位、家世本领，只在乎彼此共同的、心灵上的交流。君子之交几千年来都在向我们传达什么才是真正的友谊。

君子之交淡如水，就像清风徐徐、明月朗朗一样，清远无瑕。君子之交淡如水，既是对自然法则的尊重，也是对自己、对他人的尊重，是顺从自然，没有功利心，没有欲望，没有利害功用之说。

君子之交淡如水，这份淡淡的友谊，也许会因为千里阻隔而彼此很难谋面，也许会在相隔十年或二十年之后不再联系，也许这一生也不曾再见，但总有一份真诚和情意留在心底，从来不需要刻意保持长久，也不需要刻意去表现，但总是彼此记挂，彼此的心底也为彼此留出了永恒的空间，这样已是足够了。